ABBÉ P. CHAIX

VIE POPULAIRE

DE

St François de Paule

Patron de Fréjus *et de Bormes*

SON CULTE A FRÉJUS

Se trouve chez l'Auteur :

Chapelle S. François de Paule. — FRÉJUS (Var)

1901

VIE POPULAIRE

DE

S. FRANÇOIS DE PAULE

ABBÉ P. CHAIX

VICAIRE A FRÉJUS

VIE POPULAIRE

DE

St François de Paule

Patron de Fréjus et de Bormes

SON CULTE A FRÉJUS

Se trouve chez l'Auteur :

Chapelle S. François de Paule. — FRÉJUS (Var)

1901

ÉVÊCHÉ DE FRÉJUS

et

TOULON

Fréjus, le 2 Avril 1901

Cher Monsieur l'Abbé,

Je vous félicite, au nom de Monseigneur l'Evêque, de votre « Vie populaire de St François de Paule ».

Les sentiments de piété et les qualités littéraires que vous apportez dans ce travail en rendent la lecture aussi agréable qu'édifiante.

Certainement, cette biographie, dont l'intérêt est encore augmenté par le récit détaillé des traditions locales, pénétrera dans tous les foyers de notre bonne Ville de Fréjus, et elle contribuera à ranimer et à entretenir dans sa pureté première le culte religieux de son illustre Patron.

Ce succès, qui est votre unique ambition, est aussi le vœu sincère de vos Supérieurs dont vous connaissez l'affectueux dévouement.

TOUZE, VICAIRE GÉNÉRAL.

HOMMAGE A MON CHER ONCLE

M. LE CHANOINE St. CHAIX

ANCIEN VICAIRE DE FRÉJUS

S. FRANÇOIS DE PAULE

Aux chers Habitants de Fréjus,

Quatre siècles se sont écoulés depuis le jour où Saint François de Paule, appelé par le roi de France, aborda sur notre plage désolée par la peste, et délivra la ville de Fréjus du terrible fléau ; — et, après quatre siècles, l'amour de ce bon peuple pour l'humble Ermite de la Calabre ne s'est pas refroidi. Le souvenir indéfectible du bienfait reçu conserve une reconnaissance aussi ardente que vivace, et une confiance qui n'a pas subi d'éclipse même dans les cœurs les moins religieux.

Les Fréjusiens aiment sincèrement leur saint Patron.

Il n'est pas nécessaire pour s'en convaincre d'assister aux manifestations d'un enthousiasme tout provençal, provoquées par le retour de *la grande fête de Saint François ;* visitez seulement le sanctuaire vénéré qui abrita longtemps les vertus des Religieux Minimes, et vous y trouverez, entourant l'autel du Bienheureux, les témoignages de cette confiance et de cette reconnaissance de la vieille cité de Léonce et de Riculfe.

Leur pieux empressement, dont notre ministère nous a fait souvent l'heureux témoin, a fait naître dans notre cœur le vif désir de travailler à étendre encore un culte qui est toujours, pour les âmes de la paroisse, une sauvegarde en même temps qu'un devoir, et, souvent, une planche de salut.

— Faire mieux connaître la mission apostolique du grand Thaumaturge du XV⁰ siècle,

ramener au véritable esprit chrétien, par les exemples d'une vie toute surnaturelle, une génération qui se laisse aller à respirer avec complaisance l'atmosphère délétère d'un naturalisme tout payen,

édifier par le récit de miracles innombrables et les mieux constatés,

enfin, conserver, dans toute leur pureté et leur fidélité, l'histoire et les traditions locales,

tel a été notre but en essayant d'écrire cette courte biographie du glorieux Patriarche de Paule, qui fit tant de bien dans l'Eglise de Dieu.

Daigne notre grand Saint François bénir les efforts de son humble serviteur.

P. Ch.

Fréjus; de l'ancien couvent des Minimes, en la fête de Saint François de Paule, 2 avril 1900.

PREMIÈRE PARTIE

François de Paule en Italie

CHAPITRE Ier

Enfance de François

SA MISSION DANS L'EGLISE. — Au XVe siècle, le monde chrétien marchait à la décadence. Sous l'influence des troubles politiques et des doctrines subversives soutenues par des novateurs en révolte, les principes religieux et le respect de l'autorité allaient s'affaiblissant et laissaient libre cours aux maximes d'un sensualisme et d'un matérialisme inquiétants.

Mais, comme il le fait à toutes les époques critiques, Dieu mettait à côté du mal le remède. Il consola son Eglise et en fortifia les bases par une pléiade de saints personnages. Parmi ces colonnes puissantes de l'édifice divin, on allait bientôt compter *saint François de Paule*.

L'austérité de la vie et un nombre incalculable de miracles les plus incontestables — deux traits saillants de cette mâle et angélique figure — seront une leçon pleine d'actualité pour ce siècle *sensuel* et *incrédule*.

« François de Paule, a dit Bossuet, est un homme que Dieu envoya au monde pour nous montrer que les lois de la nature cèdent, quand il Lui plaît, aux lois de la grâce » — et le savant cardinal Bellarmin proclame que le Seigneur voulut confirmer par les prodiges de son serviteur et par la sainteté de sa vie toutes les vérités dogmatiques et morales rejetées par l'apostat Luther.

SA NAISSANCE, A PAULE. (1416). — La naissance de cet homme extraordinaire dont la vie ne fut qu'un tissu de merveilles, devait être marquée par le sceau du surnaturel.

Son père, Giacomo Martolilla, et sa mère, Vienna de Fuscaldo, dont les historiens nous vantent les hautes vertus, le regardèrent toujours, en effet, comme le fruit d'un vœu fait à Dieu sous l'invocation de Saint François d'Assise.

On raconte aussi que la nuit où cet enfant de bénédiction vint au monde, le 27 mars 1416, une clarté céleste — symbole de sa mission divine — brilla pendant plus d'une heure au dessus de la demeure de Martolilla (1) ; et l'on se demandait à Paule, comme autrefois

(1) Cette maison fut dans la suite transformée en chapelle. En 1609, on y vénérait encore le berceau et les langes du Saint.

à Hébron : « Que sera donc un jour cet enfant ? car la main du Seigneur est avec lui. » (Luc. I. 66.)

Cet enfant devait être un Prophète du Très-Haut : il était destiné à préparer le règne de Jésus dans les âmes ; aussi bien, Dieu voulut montrer plus clairement encore qu'il se le réservait à Lui seul.

SA GUÉRISON MIRACULEUSE. — Un mois après sa naissance, François — c'est le nom que ses parents lui donnèrent en souvenir de la protection du patriarche d'Assise — fut atteint d'une maladie fort grave qui mit ses jours en danger : le médecin déclara que s'il guérissait il perdrait un œil.

Les deux époux profondément attristés, mais pleins de confiance au souvenir des grâces antérieurement reçues, eurent recours à la prière, qui est le « baume de l'humanité ».

Vienna prend son enfant dans ses bras et le porte à l'église, devant l'image de Saint François d'Assise dont la dévotion était alors très populaire. Là, fondant en larmes : « Saint Père, dit-elle, est-ce pour le laisser aveugle que vous me l'avez donné ? Guérissez-le, et pendant un an il portera votre habit dans un couvent de votre Ordre ».

Dieu vit ses larmes et agréa son vœu. Le petit François fut sauvé et miraculeusement préservé de toute infirmité.

SON ÉDUCATION CHRÉTIENNE. — Giacomo et Vienna, pour témoigner leur reconnaissance au Seigneur, s'attachèrent plus étroitement à la pratique des vertus chrétiennes et des conseils évangéliques, et s'appliquèrent à former l'âme prédestinée de leur fils sur le modèle du divin Enfant de Bethléem.

Les premiers noms que François apprit à bégayer furent ceux de Jésus et Marie si familiers aux lèvres de sa digne mère. Dès que ses pieds furent dégagés de leurs langes, ses parents le virent, comme mu par un attrait caché, se porter avec empressement vers l'église de la bourgade, à l'autel de Marie. Vienna, heureuse de seconder l'impulsion d'une pitié si surnaturelle, le suivait au sanctuaire. Là, avec ce langage naïf et si pénétrant dont le cœur de la mère chrétienne a le secret, elle jetait dans cette âme si bien disposée les fondements de la science des Saints.

A mesure que François grandissait, cette vertueuse femme se plaisait à lui enseigner les mystères de notre sainte religion, à lui faire répéter ses prières, à lui raconter de belles histoires tirées de la vie des Saints. Elle lui inspirait ainsi doucement, avec l'amour de Jésus, la dévotion à la Très Sainte Vierge, aux Anges gardiens et au séraphique François d'Assise. Le petit François écoutait ces récits avec une pieuse avidité ; l'impression qu'il en ressentit fut si profonde qu'elle ne s'effaça jamais.

Rien ne peut remplacer l'influence de cette première éducation reçue sur les genoux maternels : le monde serait régénéré s'il comptait beaucoup de mères comme la sainte épouse de Martolilla.

Cette jeune intelligence, formée à pareille école,

faisait de rapides progrès dans la voie de la perfection. Mais, par contre, les troubles de ces temps malheureux ne lui permirent pas de s'instruire dans les lettres humaines. Dieu voulait ainsi montrer une fois de plus au monde qu'Il se sert des ignorants et des faibles pour confondre la vaine science des hommes.

Sa piété. — François avait un attrait irrésistible pour la prière. Souvent il se dérobait aux jeux de ses petits camarades pour aller faire sa visite à l'église. Sa prière de prédilection était le chapelet qu'il avait appris à égrener avec sa mère. Il le récitait à genoux et tête nue. Or, un jour, la tendresse maternelle s'alarma en le voyant encore agenouillé après un long temps : « Mon fils, lui dit Vienna, pourquoi rester ainsi à genoux et la tête découverte quand ta prière est si longue ? — Ma mère, reprit gaiement le petit enfant, quand on parle à la Reine ne faut-il pas se tenir tête nue ? Eh bien ! vous m'avez dit que la Sainte Vierge est bien plus grande que notre bonne reine Jeanne.... » Cette réponse et d'autres semblables faisaient tressaillir le cœur de Vienna qui s'estimait la plus heureuse des mères.

« Toute la vie de Saint François, fait remarquer l'un de ses biographes, se trouvait comme en germe dans cette sainte enfance.... En contemplant le futur Saint dans ses premières années, ne peut-on pas augurer que Dieu le destine à de « *grandes choses.* »

CHAPITRE II

Vocation religieuse de François

Un an au couvent de San Marco. — Cependant
François avait atteint l'âge de treize ans. Le temps
était venu pour Giacomo et Vienna d'accomplir leur
vœu. François reçut l'ordre de le leur rappeler, dans une
vision où ce nouveau Samuel eut la joie de voir et d'entendre son patron Saint François d'Assise.

Dès le lendemain, la pieuse famille, toujours docile
à la voix du ciel, était en route pour le couvent de
San Marco, situé à quelques lieues du village de
Paule.

Sous l'habit des Frères Mineurs, François se livra
de toute l'ardeur de son âme à la pratique des vertus
religieuses. Par sa docilité, sa mortification, son
humilité, sa dévotion, il devint bientôt un objet
d'admiration pour tous les Frères.

Plusieurs faits remarquables vinrent, dès ce temps-
là, prouver combien il était agréable au Seigneur, et
révéler la mission qu'il avait reçue de la Providence
de conserver au peuple sa foi chrétienne et de le
ramener à la pratique religieuse par le spectacle d'une
vie sainte et d'innombrables miracles.

PREMIERS MIRACLES. — Le jeune novice passait ordinairement la matinée à l'église, servant les messes, ou veillant à la propreté du saint lieu. Quelques heures avant le repas, il était aux ordres du frère cuisinier, et dans la soirée, on le trouvait auprès des infirmes ou des malades pour les soigner et les distraire.

Un jour de fête, à l'heure où la grand'messe allait commencer, l'encensoir était vide ; sur l'ordre du sacristain, François court à la cuisine. N'ayant rien sous la main, il dépose tout simplement les charbons ardents dans un pan de sa robe et les porte ainsi l'espace de soixante pas. Son vêtement n'avait pas la moindre trace de brûlure.

Il était parfois ravi en extase. Dans un de ces ravissements, il oublia un jour d'allumer le fourneau de la cuisine. L'heure du dîner approchait, et lorsque le frère cuisinier, retenu ailleurs par l'obéissance, rentra, naturellement rien n'était prêt. Celui-ci se fâche, va trouver son aide qui etait encore en contemplation dans la chapelle, lui frappe brusquement sur l'épaule et retourne avec lui devant le fourneau éteint. François alors, sans s'affliger des reproches, fait un signe de croix sur les aliments disposés sous la grande cheminée ; le feu s'allume de lui-même, et, quelques minutes après, les légumes étaient cuits.

Au récit de pareils prodiges, que la tradition locale a fidèlement conservés, l'on conçoit aisément avec quels regrets les religieux de San Marco virent le jeune thaumaturge s'éloigner de leur couvent qu'il avait embaumé pendant un an du parfum de ses vertus.

Mais le vœu des parents de François était accompli, et le bon Dieu avait d'autres vues sur « cette flamme petite encore, selon la parole prophétique du saint évêque de San Marco, mais d'où sortira plus tard un immense incendie d'amour divin ».

Au sortir du monastère, François voulut faire un voyage de dévotion à Rome. Ses parents, tout joyeux de posséder encore l'objet de leur tendresse, l'accompagnèrent dans la Ville éternelle. Il alla aussi à Assise prier sur le tombeau de son saint patron. Il visita encore les religieux du Mont-Luc, à Spolète, et ceux du Mont-Cassin. Ces divers pèlerinages firent une vive impression sur l'âme ardente du jeune Saint. Mais au Mont-Cassin sa dévotion prit un nouvel essor.

L'exemple, le souvenir de Saint Benoit, retiré dès l'âge de quatorze ans dans la solitude de Subiaco, déterminèrent sa vocation. Dès ce moment, il résolut de quitter le monde pour la vie solitaire.

François dans la solitude. — Avant de rentrer à Paule, François fit part de son projet à ses parents.

Ceux-ci auraient craint, en s'y opposant, de contrarier les vues de la Providence. Un petit coin écarté, dans les terres de Martolilla, fut assigné pour la résidence du jeune ermite. Mais bientôt François s'aperçut que ce lieu n'était pas assez solitaire ; il l'abandonna. Errant à l'aventure, il rencontra au bord de la mer, au haut de rochés escarpées, un antre étroit et solitaire. Cette retraite inaccessible aux vains bruits du monde devint le lieu de son repos.

Dieu et ses anges connaissent seuls les actes de vertu et d'austérité dont furent témoins, pendant plusieurs années, ces rochers bénis où la piété populaire vénère encore aujourd'hui les traces de son passage.

François de Paule s'efforçait d'imiter la vie des Antoine, des Paul, des Hilarion et de tant d'autres anachorètes dont l'histoire nous remplit d'étonnement et d'admiration. Mais, comme eux aussi, il eut à soutenir de violents assauts et les obsessions même extérieures et sensibles de l'audacieux tentateur qui avait osé s'approcher de Jésus au désert.

Nous le savons par un mot échappé plus tard à sa modestie : « Croyez-moi, disait-il un jour à ses frères, le démon est animé d'un grande colère contre les serviteurs de Jésus-Christ ; aussi bien, quand il ne peut rien gagner sur leurs âmes, il s'en prend à leurs pauvres corps et les fait souffrir en toutes manières ».

Mais toujours victorieux, grâce peut-être aux moyens énergiques qui rappelaient Saint Benoît se roulant tout nu sur les ronces, il mérita enfin de jouir pleinement de la paix de sa solitude.

Cependant, l'heure était venue, dit un historien, où le Seigneur voulait montrer au monde celui qui s'était plu à vivre ignoré des hommes pendant l'espace de cinq années. « François fut découvert, sans que nous sachions de quelle manière. Il fut découvert comme la fleur cachée sous le buisson : lorsqu'elle est épanouie, elle trahit sa présence par le parfum qu'elle répand » (1).

A dater de ce jour, sa retraite fut animée par de nombreuses visites. Les hommes y accouraient pour contempler ce jeune Saint de dix-neuf ans ; plusieurs même demandèrent la faveur de partager son genre de vie et de marcher sous sa conduite.

Reconnaissant la volonté de Dieu, François les reçut, et, ce jour-là, l'Ordre des Minimes naquit dans l'Eglise de Dieu (1435).

(1) Mgr. Dabert.

CHAPITRE III

Commencements de l'Ordre des Minimes.

Les « Ermites de Jésus et Marie ». — François
fut ainsi obligé d'abandonner sa vie d'anachorète
pour la vie cénobitique. Il quitta sa grotte solitaire et
vint établir sa résidence dans une terre que lui donna
une de ses parentes. « Il y construisit de ses propres
mains une toute petite maison pour abriter son pauvre
petit corps. » Il y adjoignit une chapelle avec trois
autres cellules. Les premiers disciples qui les habitè-
rent furent Paul de Rendace, Balthazar de Spino,
devenu plus tard le confesseur du pape Innocent VIII,
et Bernardin d'Otrante, confesseur du Saint et son
premier successeur.

Les « Ermites de Jésus et Marie » — tel fut leur
premier nom qu'ils conservèrent jusqu'en 1473 — de-
vinrent de jour en jour plus nombreux. Parmi eux, il
convient de mentionner tout spécialement Giacomo
Martolilla, le propre père de François, qui mourut à 95
ans après avoir été un modèle pour tous.

Fondation du couvent de Paule (1452), de Paterne
(1454) etc. — Nombreux miracles. — Devant cette

affluence de disciples, il fallut penser à bâtir un véritable monastère.

Les travaux étaient commencés, lorsqu'un Religieux d'un aspect grave apparut à François et lui reprocha de bâtir sur un plan trop étroit. « Abattez ce que vous avez commencé et construisez sur des proportions plus grandes ». François répondit : « Mais je suis trop pauvre pour entreprendre un tel travail. » — « Ayez confiance; Dieu vous aidera » ; et l'inconnu se mit à parcourir le terrain, en traçant devant les ouvriers un emplacement beaucoup plus vaste ; après quoi, l'apparition cessa.

La bulle de canonisation, qui rapporte ce fait, ajoute que la plupart virent Saint François d'Assise en ce mystérieux architecte.

François obéit aux ordres de son saint Protecteur. Sa foi fut récompensée. Dès le lendemain, les aumônes arrivèrent abondantes pour pourvoir aux frais des constructions. Des ouvriers venaient travailler sans exiger de salaire, et de nobles et délicates mains tinrent même à honneur de prêter leur concours aux mains calleuses des maçons.

Cet empressement de la part du peuple devait avoir aussi sa récompense. Dieu manifesta combien l'œuvre lui était agréable en laissant éclater sa toute-puissance dans la personne de François.

La parole de Notre Seigneur s'accomplit à la lettre : François opère des prodiges plus grands et plus nombreux que ceux du Sauveur.

« Les miracles naissaient entre ses mains et sous ses

pas comme les fleurs naissent au printemps dans les prairies », (1) et l'on comprend la pieuse illusion des contemporains qui le regardaient, nous dit le P. Giry, comme un Adam innocent au milieu du paradis terrestre.

La nature était soumise à ses ordres. « *Par charité*, disait François aux éléments, *obéissez* », et, à sa voix, les rochers changeaient de place, des blocs de pierre devenaient légers comme le bois ; les plantes manifestaient des vertus que la nature ne leur connaissait point.

Il guérissait les ouvriers blessés et les malades qu'on lui amenait en grand nombre : un témoin oculaire a déposé au procès de canonisation que François, en un seul jour, rendit la santé à deux cents malades ; et il ajoutait : *Je les ai comptés.*

Par deux fois, il multiplia des aliments insuffisants destinés à ses trois cents ouvriers. Il renouvela le même prodige à Spezzano désolée par la disette ; et le peuple disait : « Quand il n'a plus de pain, il fait, en levant les yeux au ciel, un signe aux anges, et ils lui en apportent ». Il calma une affreuse tempête par un signe de croix et sauva ainsi du naufrage un navire voué aux abîmes.

Deux sources ont jailli du sol frappé par le bâton du nouveau Moïse. On les voit encore aujourd'hui. L'une, au couvent, donne des eaux qui guérissent les malades. L'autre, sur le mont Spinelli, porte le nom

(1) Mgr. Dabert.

de « Fontaine de Saint François » ; elle n'a jamais tari. Chaque année, le 1ᵉʳ avril, veille de la fête du Saint, les fidèles affluent à la source miraculeuse.

Le miracle suivant est plus saisissant encore. Il a été célébré par tous les biographes ; la bulle de canonisation elle-même en donne le récit.

Le FOUR A CHAUX destiné à la construction du couvent est sur le point de s'écrouler sous la violence du feu. A l'heure du repas, quand les ouvriers se sont retirés, François, muni du signe de la croix, entre dans cette fournaise, en répare toutes les fissures et ressort, à la vue du gardien immobile d'admiration, sans avoir souffert les atteintes des flammes. Une chapelle très fréquentée s'élève aujourd'hui sur l'emplacement de la fournaise ; les pèlerins en emportent de la poussière, à laquelle la foi populaire attache une grande vertu.

Les nombreux prodiges dont fut accompagnée la construction des monastères de Paterne (1454), de Spezza et de Corigliano les firent appeler les *Couvents des miracles*.

« CHARITAS » DEVISE DE L'ORDRE. — Vers la même époque, survint le fait miraculeux suivant. Un jour qu'il venait à peine de commencer sa prière, François tomba dans une extase tout à fait extraordinaire. Une lumière surnaturelle l'enveloppa ; il fut ravi dans les airs et il vit venir à lui l'archange Saint Michel, environné de gloire, tenant à la main un écusson portant

ce seul mot : *Charitas,* écrit en caractères de feu.
« Désormais, lui dit l'esprit céleste, ce sera là l'étendard de ton Ordre ». La charité ! cette reine des vertus
était déjà bien ardente dans son cœur ; mais, dès
l'heure de la mystérieuse apparition, elle brûla en lui
d'un nouveau feu. « S'il faisait des voyages, c'était *par
charité* ; s'il bâtissait des couvents, c'était *par charité* ; s'il commandait au feu, à l'air, s'il faisait des
miracles, c'était *par charité.* En un mot, il avait toujours *la charité* dans l'esprit, dans le cœur, sur la
langue et dans les mains ». (P. Giry.) Depuis ce
moment aussi, les religieux de S⁺ François ont toujours eu pour blason ce mot : « *Charitas,* en or,
rayonné du même, sur fond d'azur. »

VERTUS RELIGIEUSES ET PREMIÈRE RÈGLE. — Mais ce qui
paraît encore plus miraculeux que cette puissance surnaturelle, dit un biographe, c'est l'humilité et l'inaltérable modestie de ce directeur si jeune d'une communauté nombreuse. La première fois qu'il parut à
Paterne, la population le reçut en triomphe. L'air
retentit de vivats en son honneur ; on se recommande
à ses prières ; on se dispute l'avantage de toucher, de
baiser ses vêtements ; on recueille pieusement la
poussière que ses pieds ont foulée.

Cependant au milieu de ce concert d'hommages
on entend tout à coup une note discordante: « Im-
posteur ! magicien !» crie quelqu'un du milieu de la
foule. On s'éloigne de l'insolent; l'homme de Dieu
l'aperçoit. Aussi calme en face de l'insulte qu'indiffé-

rent à la louange, il s'approche de lui et le regarde avec bonté : « Magicien ! lui dit-il, oh ! non, mon frère, je ne suis pas un magicien, mais un petit serviteur du béni Sauveur Jésus-Christ. »

A cette parole, à ce regard si doux, le coupable, interdit et tremblant, se jette aux pieds du Saint et implore son pardon. La vertu véritable avait triomphé de ce méchant cœur. (1)

Il semble, à voir François, qu'il est le dernier de ses propres disciples. Dès l'année 1450, il signe ses lettres : *Fr. François de Paule, minime des Minimes.* L'humilité à ses yeux est comme la règle de toutes les autres vertus : « *Autant aurez-vous de vertu,* disait-il souvent, *que vous aurez d'humilité.* »

Cependant, pour donner à ce grand principe quelques éclaircissements, le Saint traça à ses religieux un plan de vie que, au rapport de quelques-uns, il avait reçu de Dieu dans une vision. Cette Règle, divisée en treize chapitres, renferma, outre les trois vœux ordinaires, celui d'une abstinence rigoureuse et perpétuelle. François était toujours le premier à s'y soumettre avec la plus grande rigueur. « Les supérieurs, disait-il, doivent se distinguer plutôt par leurs bons exemples que par des préceptes et des ordres. »

Il jeûnait tous les jours de l'année ; il déchirait son corps par de sanglantes disciplines ; il passait presque toutes les nuits en prière, n'ayant d'autre lit qu'une

(1) abbé Pradier.

planche ou la terre nue ; son habit n'était à proprement parler qu'un cilice couvert.

Ces rigueurs étaient excessives et au dessus des forces de la nature humaine. Lui-même attribuait la conservation de sa santé à une grâce toute spéciale de Dieu.

Il ne perdait jamais le sentiment de la présence de Dieu. Sa vie était une vie d'amour divin ; son travail était une prière ; il sanctifiait ses actions par de ferventes oraisons jaculatoires. Ses frères, qui cherchaient à épier tous ses mouvements, entendaient de temps en temps des paroles enflammées tomber de ses lèvres ardentes : « *Mon Jésus crucifié, vous serez toujours devant mes yeux. — Souffrir, souffrir pour vous...* »

Avec de tels exemples, les disciples de François pouvaient-ils ne pas devenir des saints ?

Dons surnaturels. — On se rappelle que François n'avait pas fait d'études ; néanmoins, nous lisons dans le Bréviaire romain, qu'il était doué d'une facilité prodigieuse de langage. Il adressait de fréquentes allocutions à ses religieux. Durant la construction de ses monastères, chaque soir il prêchait aux ouvriers avant de les renvoyer ; il parlait sur la laideur du péché, sur la pénitence, sur le ciel, l'enfer, sur le bonheur intérieur de ceux qui servent Dieu, etc....

Sa parole enflammée pénétrait les cœurs ; elle les bouleversait, les changeait et y déposait les germes d'une foi et d'un esprit chrétien que les premiers siècles auraient pu envier.

Notre Saint était ignorant des sciences profanes ; mais la lumière surnaturelle inondait son esprit. Notre Seigneur n'a-t-il pas dit : Bienheureux les cœurs purs, parce qu'ils verront Dieu ?.... A la lueur de ces clartés divines, il lisait dans les consciences, et cette science servait merveilleusement à sa charité pour guérir les plaies du cœur. Les pécheurs, voyant ouvrir le livre de leur vie qu'ils croyaient fermé à tous, ne pouvaient résister aux supplications ardentes de leur céleste médecin, et ils se convertissaient.

Un jour, François apprit par une lumière surnaturelle qu'un jeune libertin, Jean de la Rocca, devait passer par le chemin du couvent pour se rendre à ses plaisirs. Avec le concours du portier, il parvient à l'attirer dans le monastère. Le frère l'introduit dans une cellule. Le Saint arrive, s'approche du jeune homme, le regarde avec pitié et lui dit ces seuls mots : « Eh ! mon ami, tuez donc ce serpent qui vous dévore le sein ! » A l'instant le cœur du coupable est changé : le jeune débauché fond en larmes et demande l'habit de religion qu'il portera jusqu'à une extrême vieillesse.

Son regard perçait aussi les ombres mystérieuses de l'avenir. Il avait prédit aux Grecs la prise de Constantinople comme punition de leur attachement au schisme (1453). Plus tard, il annoncera à l'insouciant Ferdinand de Naples la future descente des Turcs en Italie, et au roi d'Espagne, sa victoire sur les Maures.

Mais, dès ce moment, ses miracles et ses prophéties affirmaient de plus en plus sa mission dans le monde.

BUT DE SES MIRACLES. — « On peut dire sans exagération qu'il n'entra pas autant de pierres et de pièces de bois dans le couvent de Paule, que François ne fit de miracles pour sa construction ». Quiconque parcourra les procès-verbaux pour la canonisation du Fondateur des Minimes se convaincra que ces paroles du P. Giry, historien judicieux et bon critique, ne sont que l'expression de la simple vérité.

Bossuet dont la grande voix a célébré, par deux panégyriques, la gloire de Saint François de Paule, partage en deux classes « les miracles presqu'infinis que Dieu faisait par son ministère ». Les uns étaient opérés « dans les grands besoins », les autres, « s'il se peut dire sans nécessité. Dieu fait les premiers pour montrer sa grandeur et convaincre les hommes de sa puissance » ; il opère les seconds « pour faire voir sa bonté et combien il est indulgent à ses serviteurs. »

CHAPITRE IV

Progrès de l'Ordre

François passe la mer sur son manteau en Sicile.
— En l'année 1464, les Siciliens, jaloux du bonheur
des habitants de la Calabre, demandèrent en grâce
à François d'établir chez eux une maison de son
Ordre. Le Saint se mit en route.

Arrivé au port de la Catona, il demande au patron
d'un bateau qui allait partir de vouloir bien le passer
par charité. « Je suis pauvre, dit-il, je n'ai point
d'argent que je puisse vous donner. » — « Eh bien,
réplique le capitaine, moi je n'ai point de barque pour
vous passer. »

François s'éloigne alors en suivant le rivage. Il
lève les yeux au ciel, implore le secours de Celui qui
fit marcher saint Pierre sur les eaux, étend son manteau sur les vagues et, muni du signe de croix, il y
monte dessus. Il se tient debout, le visage tourné
vers Messine, se servant de son bâton comme d'un
gouvernail. Porté ainsi par les flots dociles, à la vue
d'une foule immense qui crie : Miracle ! miracle ! le
Saint franchit le redoutable détroit et aborde heureu-
sement en Sicile.

Le bruit d'une semblable merveille se répandit bien vite ; les foules accouraient auprès du Bienheureux.

A la faveur des signes surnaturels dont le Seigneur appuyait sa parole, François travailla activement à distribuer la bonne semence. Il se prodiguait à tous, prêchait à tout venant. Il parcourut l'île en répandant les bienfaits et les miracles. Son séjour y ranima partout la foi et la vie spirituelle qui était trop languissante.

Après quatre ans d'absence, François revint à Paterne, laissant en Sicile un grand nombre de monastères et son premier couvent de femmes.

L'Ordre des Ermites de la Calabre reconnu et approuvé par le Pape (1473). — Le bruit de la sainteté de François de Paule était parvenu jusqu'aux oreilles du Souverain Pontife. Paul II, rapporte la bulle de canonisation, envoya un Camérier avec charge de l'instruire sur la vérité du récit de tant de merveilles.

Le prélat ne mit pas longtemps à se convaincre que l'Esprit de Dieu animait cet homme extraordinaire. Néanmoins, il crut devoir faire remarquer à François que sa Règle, trop austère, serait impossible à pratiquer.

Sans rien répondre, le Bienheureux s'approcha du feu, prit sans se brûler des charbons ardents et les montrant dans ses mains immobiles : « Toutes les créatures, dit-il, obéissent à ceux qui servent Dieu avec un cœur parfait ». Le Camérier, saisi de crainte et de vénération, prit congé de François et revint vers le Souverain Pontife raconter le miracle dont il avait été le témoin.

Le Pape n'hésita pas à combler l'humble Saint des faveurs les plus insignes. Cinq ans plus tard (23 mai 1473), Sixte IV approuva le nouvel Ordre religieux sous le nom d'*Ermites de la Calabre*, et François, malgré sa résistance, fut nommé Supérieur général à perpétuité.

« Non licet ». — On ne saurait comprendre, dit un historien du Saint, comment un seul homme pouvait suffire à une multiplicité de soins et d'actions qui en aurait accablé un grand nombre. François est à lui seul l'âme de son Ordre naissant ; il en règle tous les mouvements. Consulté de toute part comme l'oracle du monde chrétien, il répond à tout. Les grands et les peuples viennent en foule chercher auprès de lui du soulagement pour toute sorte d'infirmités.

François se servait de toute son influence pour ramener le monde à la pratique de la religion. Il ne faillit pas à sa mission : les grands aussi bien que les petits du peuple entendirent le tonnerre de sa voix annonçant les sévères jugements de Dieu.

Nouveau Jean-Baptiste, il se présenta un jour devant le roi de Naples, Ferdinand d'Aragon, dont les exemples scandaleux semaient la corruption dans le peuple. Avec une liberté toute apostolique : « *Non licet tibi*, lui dit-il, cela ne vous est pas permis », et de la part de Dieu il le menaça des plus grands malheurs.

Irrité de cette sainte audace, blessé dans son orgueil,

Ferdinand voulut se débarrasser de ce censeur impor-
tun. Il donna à ses soldats des ordres pour l'arrêter
et le jeter en prison ; mais ces hommes, frappés de
stupeur à la vue des prodiges opérés par le pauvre
moine, se jetèrent à ses pieds et implorèrent leur
pardon.

Le roi de Naples, vaincu à son tour par les marques
de sainteté et l'ineffable bonté de François, éprouva un
vif regret de sa conduite et n'eut plus pour l'homme de
Dieu qu'un profond sentiment de respect et d'affection.

C'est aux conseils prophétiques du Saint et à ses
prières que Ferdinand dut, plus tard, en 1480, la faveur de délivrer sa ville d'Otrante de la domination
tyrannique des Turcs.

DEUXIÈME PARTIE

François de Paule en France

CHAPITRE Ier

Voyage vers la France

Louis XI demande François de Paule (1481). — En ce temps-là, le roi de France, Louis XI, était dangereusement malade au Plessis-lez-Tours. Coittier son médecin avait employé sans succès toutes les ressources de son art. Le roi, ayant alors entendu parler des miracles opérés par l'Ermite de la Calabre, résolut de le faire venir en son château, dans l'espoir que le thaumaturge lui prolongerait l'existence. Guinot de Bussières fut chargé de ce message. L'humble François résistait à ses supplications et à celles du Roi de Naples, chargé d'appuyer la demande du Souverain français ; mais il dut enfin s'incliner devant les ordres formels du Souverain Pontife.

PASSAGE DU SAINT A NAPLES ET A ROME. — TRAVERSÉE. —
Il partit de Paterne le jour de la Purification, accompagné de deux frères, Bernardin de Cropulato, son confesseur, et Jean della Rocca. Le voyage du Saint fut un triomphe continuel. Ses miracles à la cour de Naples, la sagesse de ses conseils firent regretter au roi Ferdinand d'avoir donné sa parole à Louis XI.

Au jour fixé, François prit la mer sur un navire affrété aux frais du Roi, et arriva bientôt à Ostie. A Rome, Sixte IV le reçut à plusieurs reprises, et toujours, au rapport du vieil historien Commines, « l'espace de trois ou quatre heures à chacune fois ».

Emerveillé de ce qu'il voyait et entendait, le pape voulait élever le Bienheureux à la prêtrise et le combler d'honneurs. Le Saint refusa obstinément ; dans son humilité, il se jugeait incapable de porter la responsabilité de la dignité sacerdotale. Il accepta une seule chose, la faculté exceptionnelle de bénir tous les objets de dévotion qu'on lui présenterait, afin, sans doute, de pouvoir attribuer à cette bénédiction, donnée au nom du Souverain Pontife, la vertu miraculeuse qui s'échappait de sa personne et mettre ainsi son humilité à couvert.

Après être allé une dernière fois s'agenouiller aux pieds du Saint Père, l'envoyé de Dieu reprit la voie d'Ostie afin de s'embarquer pour la France.

L'équipage relâcha au port de Gênes. Dans cette ville, François fit la connaissance du prince Doria. Douze ans plus tard, et selon la prédiction du Saint, le célèbre couvent du Monte Caldeto y était fondé par les libéralités de ce même prince.

Dans le golfe du Lion, assailli par la tempête, le vaisseau fut obligé de se réfugier dans une petite baie de la côte. Voilà qu'au loin un navire de corsaires l'aperçoit et se dirige sur lui à force de rames. Que faire dans cette extrémité ? L'équipage se désole ; il est condamné à tomber entre les mains des pirates ou à périr dans les flots. « Par charité, dit le Saint, mettez à la voile, allons avec la paix du Seigneur. Personne ne nous fera de mal. » En entendant la voix de l'homme de Dieu, l'équipage reprend confiance. L'ancre est levée, et tandis que la trirème qui porte François court loin du danger, le vaisseau des pirates semble immobile comme retenu par une force invisible.

Le navire poussé rapidement par un vent favorable, sur une mer redevenue calme, arriva bientôt en face de Marseille. Toutefois il ne put pénétrer dans le port de cette ville. Peut-être, à cause de la peste qui la ravageait, la vieille cité en deuil avait-elle fermé ses portes aux étrangers. Les Bollandistes inclinent à croire que le Saint, suivant les desseins de la Providence qui voulait secourir Bormes, ou bien craignant pour son humilité à Marseille, obtint de Dieu par ses prières d'aller toucher terre vers le cap de Brégançon.

CHAPITRE II

François de Paule à Bormes

Empreinte de ses pas sur un rocher. — Tasus Soldanus de Filocastri, qui fut le compagnon de route du Saint, a déposé au procès de Calabre que la galère vint atterrir vers les pays nommés vulgairement Bromo et Birgansi (Bormes et Brégançon). La tradition nous apprend en effet qu'elle aborda vers le point de la côte où actuellement la riante paroisse du Lavandou « s'étage sous les faibles collines toutes violettes de lavandes odoriférantes et se pavane au soleil, les pieds dans l'eau vermeille ». *(Elzéard Rougier)*

Avant de descendre sur le sol français, François de Paule fit sa confession, afin que ce qu'il appelait des péchés ne fût pas imputé à cette France qui devenait sa seconde patrie.

Il remit ensuite aux matelots un cierge bénit et divers objets de dévotion comme gage de sa reconnaissance ; puis, il descendit à terre avec ses deux Religieux et les envoyés de Louis XI.

La galère royale dont la mission était terminée mit cap vers l'Italie.

Le Saint, quittant le navire, avait posé ses pieds

sur une roche à fleur d'eau que l'on voit encore à découvert, au port du Lavandou, lorsque la mer est basse, et sur laquelle on distingue des cavités. Une pieuse tradition nous fait voir là l'empreinte des pas du Bienheureux et celle de son bâton de voyage.

ENTRÉE DANS BORMES. — Dès qu'il eut touché le sol de la France, François de Paule se mit à genoux et pria longuement. La petite troupe s'achemina ensuite vers Bormes (1). La ville était fermée aux étrangers à cause de la peste qui y faisait de cruels ravages. Il n'avait pas suffi à Guinot du Bussières de se réclamer du titre d'envoyé du roi Louis XI ; les gardiens refusaient le passage.

Alors, François s'approche et leur dit : « Par charité, mes frères, ouvrez-nous les portes : Dieu est avec nous. Allez dire à votre maître que je lui demande, au nom du Seigneur, la permission d'aller mêler mes larmes à celles de son peuple. »

La sentinelle, frappée de l'air vénérable du religieux, de la douceur de son regard et de la suavité de ses paroles, se sent saisi d'un saint respect ; sans avoir la force de rien répliquer, elle monte, dit la tradition, en toute hâte au château seigneurial et raconte ce qu'elle a vu et entendu. Elle rapporte bien-

---

1) Sur le sentier qui mène du Lavandou à Bormes, on rencontre un rocher marqué d'une croix gravée. La tradition rapporte que le Saint se reposa sur cette pierre.

tôt l'autorisation sollicitée par l'homme de Dieu, et les portes s'ouvrent devant le Libérateur de Bormes.

Le seigneur, Pierre de Grasse, veut se rendre compte par lui-même d'une aventure quelque peu mystérieuse. Arrivé en présence de l'auguste visiteur, il tombe comme malgré lui à genoux, entraîné par un sentiment indéfinissable de respect et de confiance. « O mon père, lui dit-il, de grâce, si vous avez quelque pouvoir auprès de Dieu, oh ! arrêtez le bras courroucé du Tout-Puissant ». Le saint vieillard le bénit et pénètre dans la ville par la porte appelée encore aujourd'hui « *lou Pourtau* ». (V. Ph. Giraud).

Miracle de la poutre. — Bormes ne tarda pas à recevoir la récompense de son hospitalité et à reconnaître la vérité de ces paroles : « Dieu est avec nous ».

François alla directement à l'église Saint Roch, pour remercier le Seigneur de son heureuse traversée. Les Bormiens, afin sans doute d'obtenir la cessation du fléau, faisaient d'importantes réparations à ce sanctuaire vénéré, et le Saint rencontra là un groupe d'ouvriers qui essayaient en vain de transporter une très lourde poutre. Poussé par une force céleste, il s'approcha d'eux, toucha du doigt la pièce de bois, en disant : « Allons ! *par charité*, hâtez-vous de servir à la maison de Dieu ». Aussitôt la poutre devint aussi légère qu'un bâton, et les ouvriers la soulevèrent sans peine jusqu'à la hauteur voulue.

Selon son habitude, François dut prendre occasion de cette faveur céleste pour exhorter vivement les personnes présentes à se montrer aussi dociles à former l'édifice spirituel de l'Eglise que cette poutre à servir à son temple matériel.

LA PESTE CESSE. — Le bruit de ce miracle aussitôt répandu avait fait comprendre aux Bormiens quelle était la sainteté de leur hôte. Les habitants accouraient au devant de lui comme vers un ange envoyé du ciel pour les secourir. Les consuls de la ville se rendirent en corps auprès de l'homme de Dieu, le suppliant à genoux de mettre fin par ses prières à une épidémie qui faisait tant de victimes. L'humilité de François s'effrayait de ces démonstrations.

Il s'en défendait en des termes qu'un poète a traduits ainsi :

C'est Dieu seul, mes enfants, qu'on implore à genoux ;
Moi, je ne suis qu'un homme et mortel comme vous.
Homme, je compatis à la souffrance humaine.
. . . . , ...
Le remède contre elle est de savoir souffrir.
Je peux prier pour vous ; Dieu seul peut vous guérir.
Ne vous aveuglez point par trop de confiance :
Consoler et bénir, c'est toute ma science.

Cependant, il se mit en prière.... et dès ce moment, la peste cessa : les malades guérirent et l'on n'eut plus un seul décès à déplorer. L'air fut tellement purifié de ses miasmes délétères, que les familles réfu-

giées à la campagne elles-mêmes virent, à leur grande
joie, les pestiférés guérir subitement, sans toutefois
qu'elles pussent encore deviner la cause de leur bonheur.

Ces prodiges, ainsi que les suivants opérés à Bormes,
furent consignés dans le procès-verbal d'une enquête
faite sur les lieux par l'autorité ecclésiastique, à la
demande d'un savant et saint Religieux, le R. P.
Octoul (1). Isidore le Toscan, l'historien minime, qui
raconte aussi ces faits merveilleux, ajoute : « Je ne
puis passer sous silence cet autre fait qui est une par-
celle et comme le corollaire du grand bienfait ».

LE MANTEAU MIRACULEUX DE FRANÇOIS. — Comme
les Bormiens avaient réussi à retenir pour deux jours
le Saint au milieu d'eux, le consul de la ville, Ail-
leto, qui eut le bonheur de le recevoir dans sa
demeure, fit servir un repas en son honneur. Tandis
que, avec joie et empressement, on préparait la salle
à manger, le saint homme s'assit sur une grosse
pierre (2), dans la cour de la maison. Là, pendant
qu'il parlait à la foule avide de le voir, de l'entendre,
et même de le toucher, de nombreuses personnes,
animées d'un zèle par trop indiscret, coupèrent des

---

(1) V. — *Trinité des Patriarches* du P. Th. Renaud, qui a tiré
son récit de ce procès-verbal.

(2) Cette pierre a été conservée longtemps dans la chapelle des Pénitents. Aujourd'hui encore, quelques familles en possèdent des fragments
précieux.

morceaux de ses vêtements pour avoir une relique du bienfaiteur de leur cité.

Mais quand, la table prête, François se leva pour entrer dans la salle, on s'aperçut avec stupéfaction que la tunique était entière et que l'étoffe n'avait aucunement souffert de ces pieux larcins.

La famille du Consul qui reçut notre Saint avec tant d'amour jouissait encore, au temps où vivait l'écrivain cité (1721), de la prospérité que François lui promit au nom du ciel.

DÉVOTION DES BORMIENS A SAINT FRANÇOIS DE PAULE. — La ville de Bormes a fidèlement conservé le souvenir du passage de Saint François de Paule. Aussitôt après sa canonisation, elle fit bâtir en son honneur une belle église, la première qui lui fut dédiée en France ; deux siècles plus tard, elle donnait aux Religieux Minimes (1654), un couvent dont il ne reste aujourd'hui que des ruines sans importance. C'est dans cette église de Saint François de Paule, profanée pendant la Révolution et restaurée depuis, que chaque année, le 4 mai, les Bormiens font retentir les louanges de leur céleste protecteur avec un véritable enthousiasme.

Les pêcheurs (1) du Lavandou quittent leurs barques

---

(1) Aux temps plus heureux où les processions pouvaient encore parcourir les rues de la cité, le privilège de porter la statue du Saint était réservé aux pêcheurs du Lavandou.

Cette statue, achetée en 1791, donna occasion à une grande manifestation religieuse en pleine Révolution. Les habitants de Bormes.

et les laboureurs leurs charrues pour honorer leur Patron.

Durant toute la journée, la foule se presse dans l'antique Chapelle. Tous, même ceux qui sont réputés les moins religieux, montrent beaucoup d'empressement à venir visiter la Statue du Saint, devant laquelle la piété des Bormiens a allumé une quantité innombrable de flambeaux.

Au soir de cette fête purement religieuse, le clergé fait une abondante distribution de fleurs et de cierges bénits destinée à rappeler les cierges dont Saint François fit présent aux matelots de la galère royale et les objets pieux que, en vertu d'un privilège spécial obtenu du Pape, il bénissait pour les distribuer à toute occasion aux fidèles.

PROTECTION CONSTANTE DU SAINT. — Le Bienheureux, du haut du ciel, continue à étendre sa protection sur cette population reconnaissante. Depuis 1482, jamais la peste n'a reparu dans le pays béni par lui.

En 1835, lorsque le choléra exerçait de cruels ravages dans tous les pays environnants, Bormes fut respectée par le fléau, bien qu'elle eût accueilli dans ses murs beaucoup de Toulonnais et d'autres étrangers qui fuyaient la contagion. Les registres publics attestent que, pendant les deux mois de juillet et d'août,

---

ayant à leur tête le clergé, la *municipalité* et la confrérie des Pénitents, allèrent la recevoir processionnellement à l'entrée de la ville. Elle est enrichie de reliques du Saint (V. *Notes chronol.* de M. Giraud et les Archives).

époque de la plus grande intensité du mal, il n'y eut pas un seul décès à déplorer. (1)

FRANÇOIS PART DE BORMES POUR FRÉJUS. — Cependant les Bormiens ont appris que la ville épiscopale de Fréjus est horriblement maltraitée par l'épidémie. La panique y a succédé à la consternation. Ceux que la mort n'a pas encore terrassés, ceux que le terrible mal ou un devoir de charité n'ont pas retenus à leurs maisons s'enfuient dans la campagne, dans les bois; ils campent même sur les chemins. Bientôt la ville ne sera plus qu'un immense tombeau. Mais Dieu, qui tient la vie et la mort en ses mains, va faire grâce à la cité de Riculfe et sauver ses restes infortunés.

L'âme de François s'est encore émue de pitié. S'abandonnant à l'impulsion de sa charité qui est le mouvement de l'Esprit de Dieu, le Saint se dispose à partir.

Le lendemain, comme l'homme de Dieu devait quitter Bormes, la population se porta à la sortie de la ville pour recevoir sa dernière bénédiction et lui offrir les témoignages de sa reconnaissance. Après avoir attendu longtemps devant les portes fermées, on s'aperçut enfin que l'humble Religieux, par un nouveau prodige, s'était dérobé à ces honneurs en se rendant invisible à la multitude qui entourait sa maison et les portes de la ville. Ses compagnons le rejoignirent au bord de la mer.

(1) V. Bollandistes. — Lettres de MM. Trastour et Rouvier, curés-doyens de Bormes.

CHAPITRE III

François de Paule à Fréjus

FRANÇOIS ET LA VIEILLE FEMME. — Le bateau qui emportait François et sa suite longea la côte, remonta la pointe de St. Tropez et aborda en face de l'antique cité des Césars.

La tradition nous apprend, écrivait en 1729 l'historien Girardin, de Fréjus, que le Saint entra dans notre ville par la *porte de Méous.*

Sa première visite devait être pour le bon Dieu. Il se dirigea vers l'église par ces petites rues qui, après quelques détours, aboutissent à la *Place de l'Evéché ;* elles étaient désertes.

Cependant, arrivé à « la Placette, » il aperçut une pauvre femme qui filait à la quenouille sur le pas de sa porte ; il lui demanda la cause d'une si grande solitude. Le Saint ne l'ignorait pas ; mais il voulait faire de cette femme la messagère des grâces de Dieu : *« Hé ! mon Père, dit-elle, c'est parce que la peste est dans nos murs. La moitié des habitants ont péri, et la plupart des autres se sont enfuis ou se tiennent enfermés chez eux. »*

Il chasse la peste. — Alors, François de Paule se prosterne la face contre terre ; plein de charité et de confiance en Dieu, il implore la divine miséricorde et supplie le Seigneur d'éloigner le terrible fléau. Il se relève........

> Amount s'espandis lou souléu.
> Mai, Carita, toun pur flambéu
> Sus soun front lusisse pu béu. (1)

Avec un accent prophétique et un air inspiré capable de dissiper tout doute chez son interlocutrice : « Allez, dit-il, allez leur annoncer que je suis venu pour leur faire du bien, par la charité de Dieu. » Cela dit, il se fait montrer l'entrée de l'église et va adorer un instant Celui qui commande à la maladie et à la mort.

La pauvre femme, pleurant de bonheur, court répandre partout la bonne nouvelle. Sa parole réveille la confiance : le malheur est un si grand maître pour nous rappeler les choses de la foi ! Dieu aurait-il enfin pitié de ses enfants malheureux ? De tous côtés, on se presse vers la cathédrale, dont la cloche, mise en branle par François, vient d'annoncer la présence du charitable visiteur.

Le Saint reparaît. La foule impatiente le salue avec émotion et attend, dans un profond silence, la parole de salut ; elle sent que quelque chose de grand va se

____

(1) Voir plus loin. Appendice Ch. II : La Sant Francés, à Fréjus, pér C. D.

passer. « *Peuple de Fréjus*, s'écrie François dont le visage a pris une expression céleste, *le bon Dieu vous fait miséricorde. N'ayez plus de crainte : la peste ne viendra plus désoler votre ville ; mais soyez fidèles au Seigneur.* »

Et le peuple confiant éclate en transports de joie et bénit son sauveur.

La charité de ce Juste, dit Girardin, eut un effet singulier ; car, depuis ce moment, non seulement le mal contagieux cessa de faire des progrès, mais encore on vit les malades recouvrer la santé.

MIRACLE DES POISSONS, AU CAPITOU. — Dans ses écrits, qui sont l'écho de traditions alors déjà vieilles de deux cents ans, le même auteur cite encore le fait suivant.

Nos pères eurent le bonheur de garder saint François de Paule trois ou quatre jours au milieu d'eux. Pendant ce séjour, trop court à leur gré, le Bienheureux reçut l'hospitalité dans la maison du Prévôt du Chapitre (au Capitou), et occupa l'appartement placé au-dessus de la porte du cloître. C'est là que, selon la croyance populaire, un nouveau miracle se serait produit.

La Règle des Minimes interdit l'usage de la viande. La population l'ayant appris apporta comme présent à son bienfaiteur un plat de superbes poissons. A peine ces pauvres créatures furent-elles en présence du Thaumaturge que, revenant à la vie, elles se mirent à frétiller et à bondir, afin de rendre pour ainsi dire hommage à sa vertu.

Empruntant un mot tombé de la bouche de Bossuet à propos d'un prodige analogue, nous pouvons nous demander quelle nécessité il y avait de faire ce miracle. Aucune, assurément; mais sans lui nous n'aurions point aussi bien compris les délicatesses de l'amitié divine. La puissance de Dieu, devenue en quelque sorte l'esclave de sa bonté, se plaît à ces inutilités, dont les savants et les sages selon le monde peuvent rire, mais dans lesquelles nous savons reconnaître la main d'un père.

LE SAINT QUITTE FRÉJUS. — Cependant, tous les Fréjusiens que la peur avait chassés étaient revenus, et la ville avait repris un air de fête.

> Lou souléu revengué poutouna lou rivage,
> E vaqui qu'eilalin, coumo dins un mirage.
> Frejus, noste Frejus risié
> Souto lou rai d'or que fasié
> Belugueja soun béu clouchié.

Mais, Guinot de Bussières avait reçu l'ordre de faire diligence. L'envoyé du roi, redoutant de passer par les villes maritimes, toutes infestées par la peste, résolut d'aller vers Tours par la voie du Dauphiné plus facile et plus sûre. A son départ, le Saint fut l'objet d'ovations enthousiastes. Ne pouvant le garder plus longtemps dans leurs murs, les heureux Fréjusiens l'accompagnèrent sans doute longtemps sur la route, attendris comme le peuple de Milet conduisant saint Paul à son navire ; ils se pressaient sur ses pas, ils baisaient ses vêtements. Chacun voulait entendre une dernière fois cette voix qui commanda au fléau et contempler ce visage rayonnant des splendeurs de la charité.

François bénit ce peuple pieux, en lui assurant encore une fois que la peste ne reviendrait plus ; et le groupe vénéré disparut bientôt à un détour du chemin.

« Depuis ce jour, dit Girardin, la peste n'a jamais osé approcher de notre ville. Pendant les années 1719, 1720, 1721, où la contagion faisait de grands maux à Aix, Marseille, Toulon et ailleurs, et vint jusqu'au Cannet, à cinq lieues de notre ville, nous fûmes préservés de ce malheur par l'intercession de ce grand Saint. Nous espérons avec confiance qu'il ne nous abandonnera jamais et que nos derniers neveux seressentiront toujours de son pouvoir et de sa charité à présent qu'il règne dans le ciel. »

CHAPITRE IV

François de Paule et Louis XI

Voyage vers Tours. — Les historiens ne nous disent rien du passage de François à travers le Dauphiné, sinon qu'il fut marqué par de nombreux miracles.

Mais Claude de Rubis, grand sénéchal de Lyon, nous apprend comment fut reçu dans cette ville « ce miroir et exemplaire de sainteté.... Il fut fort honoré à Lyon, et ne l'appelait-on point autrement que le *saint homme*. Et s'estimaient bien heureux, hommes, femmes, petits enfants qui pouvaient toucher ses habits ou quelque chose de sien ». Tout ce qui lui avait servi devenait une relique vivement disputée.

Honneurs rendus a François par le Roi. — Quand Louis XI eut appris par l'envoyé Jean Moreau que François de Paule avait débarqué sur les côtes de Provence, il ne se posséda plus de joie : « J'éprouve tant de bonheur, dit-il au messager, que je ne sais plus si je suis au ciel ou encore sur la terre : demandez-moi telle récompense que vous voudrez ».

Le saint Ermite allait arriver. A Amboise, sur les ordres du roi, le dauphin Charles (plus tard Charles VIII), relégué dans le château de cette ville, le reçut avec les plus grands honneurs, accompagné de son entourage, de tout le clergé et de tous les Religieux de cette ville. Cette entrevue fut une source de bénédictions pour le futur roi de France qui ne l'oublia jamais.

François est là, tout près du Plessis; un messager l'a dit. La foule se porte au devant de lui. Louis XI, revêtu de son manteau royal, suivi de sa cour, sort de son palais et s'avance à sa rencontre. Il le reçut, dit Commines, « avec autant d'honneur et de respect que s'il eût été le Pape lui-même. » Il courba son front devant l'humble Religieux et le conjura à genoux « qu'il lui plût faire allonger sa vie. Le Saint lui répondit ce que sage homme devait répondre ».

Le roi, le prenant alors par la main, l'introduisit avec lui dans le château.

François pria le prince de vouloir bien le dispenser d'habiter les riches appartements préparés pour lui dans le palais. Et l'humble Ermite fut logé avec ses deux compagnons dans la petite maison attenant à la chapelle St Mathias, dans la cour du nord du château (1).

Louis XI auprès de François de Paule. — Louis XI venait l'y visiter presque chaque jour dans l'espoir de recouvrer la santé. « Sire, lui disait le Saint, il faut vous en remettre à la divine Providence ; la vie et la

______

(1) Ce logement fait aujourd'hui partie de la ferme du Plessis.

mort sont entre ses mains ». Un jour cependant le roi
le suppliait avec de très vives instances de prier Dieu
pour sa guérison, l'Ermite de Paule lui déclara fran-
chement sa pensée : « Sire, mettez ordre à votre Etat
et à ce que vous y avez de plus précieux qui est votre
conscience ; car il n'y a point de miracle pour vous.
Votre heure est venue, il vous faut mourir ».

La franchise de l'homme de Dieu fit frémir le prince
qui devint défiant à son endroit. Excité d'ailleurs par
la basse jalousie de son médecin Jean Coittier et par
quelques courtisans, il résolut de mettre à l'épreuve la
vertu du thaumaturge. Sur des conseils perfides, il lui
offrit de riches présents pour tenter son désintéressement ; il lui fit remettre des objets religieux d'une
grande valeur. François refusa toujours avec reconnaissance. Enfin, il lui porta lui-même un grand sac
d'argent, en lui disant : « Mon bon Père, acceptez cette
somme. Je désire fort que vous l'employiez à bâtir
un couvent de votre Ordre dans la ville de Rome. » —
« Sire, lui dit le Saint, rendez cet argent à vos sujets.
Il sera plus avantageux pour votre âme de ne pas les
charger de si durs impôts et de faire moins d'aumônes
avec un argent qui n'est pas le vôtre ». Ces dures paroles firent une profonde impression sur le monarque
qui, depuis ce moment, entoura François d'une sincère vénération.

Cependant Briçonnet, ministre des finances, et
plusieurs autres officiers, chargés par le roi de surveil-
ler de près tous les actes de l'homme de Dieu, n'avaient
pu lui rapporter que des témoignages de sainteté.

Enfin, un soir, pendant une promenade dans le parc du Plessis, Anne de Beaujeu et toute sa suite aperçurent le pauvre Ermite, près d'un arbre, abîmé dans l'oraison et élevé de six pieds au-dessus de la terre ; une couronne de lumière brillait sur sa tête et son visage était resplendissant de clarté. Louis averti aussitôt accourut en hâte et put contempler le Saint en extase.

La vue de ce prodige acheva de changer les dispotions du Roi. Dès ce jour, Louis XI ne vit plus en François que le messager des miséricordes de Dieu. Il écouta docilement ses paroles ; ensemble ils parlaient de la confiance en Notre-Seigneur, de la nécessité du repentir, du bonheur du ciel. Bien souvent les courtisans purent voir leur souverain sortir de ces entretiens les larmes aux yeux et portant sur sa figure amaigrie un air de calme profond, une douce sérénité. Il ne pouvait plus se passer de la présence de son consolateur : une parole du Saint rendait la paix à son âme torturée par les craintes de la mort et du jugement.

MORT DE LOUIS XI. — Mais le jour marqué par la Providence était proche. Louis XI se soumit à la volonté de Dieu : « Il endura vertueusement une si cruelle sentence, dit Commines, ... se confessa très bien et dit plusieurs oraisons servant à ce propos selon les sacrements qu'il prenait et que lui-même demandait ».

Le 25 août, une crise terrible fit dire au médecin que

l'auguste malade ne verrait pas le lendemain. Le monarque, sur les affirmations de François, dit qu'il « n'es-
pérait mourir qu'au samedi, et que Notre-Dame lui
procurerait cette grâce, elle, en qui toujours il avait
eu fiance et grande dévotion, et prière. Et tout
ainsi il advint, car il décéda le samedi 30 août 1483,
à huit heures du soir, en répétant ces paroles: « Notre-
Dame d'Embrun, ma bonne Maîtresse, aidez-moi. »
Il était alors âgé de 71 ans.

CHAPITRE V

Rôle de François de Paule à la cour

Les historiens modernes n'ont pas assez mis en relief la haute influence que le saint Ermite exerça sur les Souverains de son époque et sur les destinées des royaumes chrétiens.

FRANÇOIS DE PAULE ET CHARLES VIII. — Louis XI en mourant avait confié ses enfants à saint François. Le jeune Dauphin, devenu Charles VIII, ne lui parlait jamais sans se découvrir. Il le consultait souvent et recommandait toutes ses entreprises à ses puissantes prières. Il le regarda toujours comme le vainqueur de la bataille de St. Aubin-du-Cormier (1488) ; et plus tard, après la victoire de Fornoue, (1495) humainement inexplicable, selon l'expression de Sismondi lui-même, en action de grâces, il bâtit à Rome le célèbre couvent des Minimes de la Trinité du Mont-Pincio.

Déjà, en France, il avait fait construire les célèbres monastères du Plessis-lez-Tours (1489) et d'Amboise (1491), tandis que la reconnaissance des habitants de Fréjus élevait celui de N. D. de Pitié (1490).

Le Roi subissait peu à peu l'heureuse influence du Saint. Ce prince passionné, cet esprit aventureux n'avait pas d'autre ambition, à la fin de ses jours, que d'imiter son aïeul saint Louis.

Anne de Bretagne vénérait aussi François à l'égal d'un saint ; et c'est aux ferventes prières du Bienheureux que les reines Anne de Beaujeu, Louise de Savoie et Claude de France estimèrent devoir les joies de la maternité.

Il prédit l'expulsion des Maures d'Espagne. — Nous avons déjà vu que François avait prédit la défaite des Turcs à Otrante. A l'époque où nous sommes arrivés, Ferdinand le Catholique luttait en Espagne contre les Maures. Après quelques succès partiels, il fit le siège de Malaga. Mais, découragé par les difficultés, il songeait à se retirer, lorsqu'il reçut dans sa tente deux religieux envoyés par François lui annonçant de la part de Dieu qu'il aurait la victoire sur les infidèles. Leur parole releva le courage et la confiance du roi. Malaga fut délivrée (1487). En action de grâces, Ferdinand éleva aussitôt un ermitage à l'emplacement de sa tente. A la fin de la guerre, après la victoire définitive, en 1492, il y appela les Minimes qui furent nommés en Espagne les « Pères de la Victoire. » Après la canonisation de François de Paule, la statue du Saint fut placée dans l'église de N. D. de la Victoire avec l'inscription suivante : « Il annonça par deux Frères Minimes à Ferdinand V, roi des

Espagnes, la victoire sur les Maures possesseurs de ce royaume depuis 800 ans. »

Louis XII et François Iᵉʳ. — Louis XII monté sur le trôné ne voulut pas permettre au « bon Père » de quitter son royaume, il combla son Ordre de privilèges, et c'est grâce aux avis et aux prières du Saint, dit le P. Duvivier, que ce prince d'une nature hautaine mérita d'être appelé le « Père du peuple. »

Après sa mort, François, dans le ciel, resta le protecteur et le bienfaiteur de la famille royale.

Claude de France était tombée malade. A cette nouvelle la reine-mère Anne de Bretagne, alors à Grenoble, fit vœu de travailler activement à la canonisation du saint ermite s'il lui obtenait la guérison de la princesse. Il fut constaté que Claude fut guérie à cette heure même. Fidèle à sa promesse, la reine écrivit au Pape pour le prier de permettre au peuple chrétien d'honorer d'un culte public l'humble serviteur de Dieu dont la sainteté se manifestait par de nombreux et éclatants miracles.

François Iᵉʳ, dont le Saint avait prédit la naissance et le règne long et glorieux, avait aussi une grande vénération pour celui dont il fit son patron. En souvenir de sa canonisation, il fit frapper une médaille qui portait, d'un côté, sa propre effigie et, de l'autre, l'image du Bienheureux avec ces mots : *Regiæ stirpis propagatori*. *Au propagateur de la famille royale.*

CHAPITRE VI

Dernières années
et mort de saint François de Paule

Sa vie intérieure. — Nous avons vu le pauvre Ermite de la Calabre en relation avec presque toutes les cours de l'Europe, honoré de l'affection de tous les princes, comblé de leurs faveurs. Nous avons vu les populations entières se lever à son passage et lui faire cortège avec un enthousiasme tenant du délire. Nous avons vu sa foi ardente entrer comme en possession de la toute-puissance de Dieu, nous l'avons vu pour ainsi dire se jouer avec le miracle. Eh bien! dans cette vie où tout est extraordinaire, il y a quelque chose de plus admirable encore : c'est cette inaltérable uniformité de conduite qui nous montre François aussi humble, aussi pauvre, aussi mortifié, aussi recueilli à la cour du Pape et des rois qu'il l'avait été dans son premier ermitage.

Son extrême désintéressement forçait Commines et les seigneurs à s'écrier : « On n'a jamais vu d'homme comme celui-ci ; pouvant être honoré et vivre à son aise, il préfère vivre dans une grande pauvreté ».

Malgré son grand âge et malgré les splendeurs de la brillante cour où il vivait, François de Paule n'oublia jamais les austères pratiques religieuses adoptées à l'époque de sa première ferveur. « A 91 ans, dit Bossuet, ni les veilles, ni les fatigues, ni l'extrême caducité ne lui ont pas encore fait modérer l'étroite sévérité de sa vie. Il fait un carême perpétuel ; et durant ce carême il semble qu'il ne se nourrisse que d'oraisons et de jeûnes. »

Son âme demeura vierge des poussières du monde. Les pompes trompeuses du siècle ne l'éblouirent point ; grâce à son humilité et à son extrême modestie, il les vit sans les regarder. « Si un oiseau, disait-il souvent, ne peut voler sans avoir deux ailes, de même un chrétien ne saurait marcher dans la voie du salut sans l'humilité et la chasteté ».

Les sources divines où il puisait l'aliment de ses vertus et de son pouvoir miraculeux étaient la communion fréquente, la méditation réitérée sur les douleurs et les humiliations du Sauveur et une tendre dévotion pour la Sainte Vierge.

Les fils spirituels du saint Fondateur recevaient avec docilité ses austères leçons et suivaient avec amour ses encourageants exemples. Un nouveau souffle de sanctification passait à travers les chrétiennes populations en contact avec ces milliers de religieux.

François avait prêché l'Evangile : sa parole, ses exemples, ses miracles avaient ramené aux pratiques religieuses les peuples dont les mœurs se ressentaient des longues luttes politiques de ces temps tourmentés.

Fidèle disciple de Jésus-Christ, il avait accompli la mission de salut reçue du ciel. *« Opus consummavi quod dedisti mihi ut faciam. »* Le temps approchait où il allait recevoir la couronne de justice.

Approbation de la Règle des Minimes (1506). — Mais avant de quitter ses enfants pour se présenter devant son Dieu, François de Paule voulut leur indiquer d'une façon précise les voies sûres *qui les mèneraient au ciel :* il traça définitivement les *«* Constitutions de l'Ordre. »

Le 26 Février 1492, Alexandre VI avait approuvé une première Règle, tout en laissant au Fondateur la liberté de la modifier. Maintenant François présentait au Souverain Pontife sa triple Règle — pour les Religieux, — pour les Religieuses, — et pour les personnes séculières du Tiers-Ordre. En outre des trois vœux ordinaires de pauvreté, de chasteté et d'obéissance, il imposait l'obligation de l'abstinence quadragésimale perpétuelle, c'est-à-dire l'abstinence de la viande, des œufs et du laitage. Ce quatrième vœu, qui avait déjà rencontré de l'opposition, fut l'objet de graves hésitations de la part du législateur des Minimes ; mais Dieu lui révéla que son désir était saint et qu'il devait le réaliser.

Le 28 Juillet 1506, le pape Jules II, selon la prédiction du Saint, approuva solennellement les Constitutions « que l'on croit, dit le Pape dans la bulle, avoir été faites sous l'inspiration divine ». Il statua en même temps que les religieux de l'Ordre nouveau s'appelleraient *les Minimes* « les plus petits de tous. »

Ceci se passait huit mois avant la mort du saint Fondateur.

DIEU RÉVÈLE A FRANÇOIS L'HEURE DE SA MORT. — Après une longue vie toute d'austérités, de luttes et de labeurs apostoliques, l'heure du repos était venue.

La tradition rapporte qu'environ trois mois avant son départ pour le ciel, une nuit, le Saint entendit une douce voix lui dire ces paroles du Cantique : « Veni, veni ; coronaberis : viens, viens, tu seras couronné ». Ce jour-là même, l'époque de sa mort lui fut révélée.

François est rempli de joie. Ses vœux vont être enfin comblés. « O mort, s'écrie-t-il, viens achever l'ouvrage que j'ai commencé il y a plus de quatre-vingts ans. Viens briser d'un seul coup les liens qui me retiennent captif ». La foi permet de contempler avec un visage serein celle dont l'approche glace les hommes d'effroi. L'homme de foi est heureux de connaître l'heure où la porte de la véritable patrie doit s'ouvrir pour lui ; il se prépare alors avec le plus grand soin afin d'être admis aux noces éternelles. Hélas ! pourquoi faut-il qu'aujourd'hui une fausse prudence cache aux mourants l'invitation de l'Epoux céleste et les laisse partir pour l'éternel Cénacle sans la robe nuptiale !

L'exemple de François apprend aux chrétiens à

envisager la mort avec la consolation que donne l'espérance.

IL TIENT EN MAIN UN POÊLE EMBRASÉ. — Il y avait quatre jours que le bon Père avait ressenti les premières atteintes du mal qui l'emporta. Au matin du jeudi-saint, malgré son extrême faiblesse, il se fit conduire dans une salle attenante à la sacristie, et là, il fit ses dernières recommandations à ses disciples assemblés.

Il achevait à peine son discours, lorsque le poêle qui chauffait l'appartement s'embrasa et mit le feu au plancher (1). Les Religieux furent saisis de peur ; mais le saint vieillard, s'approchant du poêle enflammé, le prit dans ses mains sans ressentir les atteintes du feu et le montra à ses disciples en disant : « En vérité, mes frères, il n'est pas plus difficile à celui qui aime Dieu d'accomplir ses engagements qu'à moi de tenir ce feu entre mes mains ». C'est pour dissiper les craintes des Religieux découragés par la perspective des difficultés de la Règle que François obtint de Dieu la grâce de ce dernier miracle avant sa mort.

A cette vue, tous les frères vivement impressionnés tombèrent à ses pieds et lui promirent avec larmes d'observer inviolablement tous les points de leurs Constitutions. François les embrassa et les bénit au nom du Dieu tout-puissant.

(1) L'Ais brûlé ou « planche du miracle » a été conservé longtemps au trésor des reliques.

Derniers moments et mort du Saint. — Le Saint assista ensuite à la messe, reçut en viatique le Dieu qu'il allait bientôt contempler face à face et sans voile dans le ciel. A ce moment sublime son visage se transfigura. On ne dirait plus un homme, s'écrie un historien, mais bien plutôt un de ces vingt-quatre vieillards vénérables au front ceint d'un diadème d'or que saint Jean aperçut un jour dans les cieux prosternés au pied du trône éternel de l'Agneau sans tache.

Le lendemain matin, il voulut voir et bénir une dernière fois tous ses frères, qui purent contempler le calme, le bonheur et la douce joie d'une sainte mort. Après avoir reçu l'Extrême-Onction, il pria les Religieux restés auprès de lui de lire toute la Passion de Notre-Seigneur, les sept psaumes de la pénitence et les litanies des Saints. Pendant cette lecture, il tenait entre ses mains un crucifix qu'il couvrait de mille baisers et arrosait de larmes d'amour. On l'entendait répéter ces paroles : O bon Jésus, doux pasteur, conservez les justes, purifiez les pécheurs, ayez pitié des vivants et des morts et soyez-moi propice à moi qui suis un pécheur. » Le P. Lecomte qui l'assistait prononça pour lui ces paroles de N.-S. « Je remets mon âme entre vos mains ». Avec son dernier souffle, expirèrent sur ses lèvres les doux noms de Jésus et Marie... et sa cellule fut aussitôt remplie d'un parfum délicieux.

Le saint patriarche des Minimes mourut au couvent du Plessis-lez-Tours, le 2 Avril 1507, à l'âge de 91 ans et quelques jours.

SA SÉPULTURE — MIRACLES. — « On ne saurait croire, s'écriait le cardinal Simonet au jour de la canonisation, quelle multitude de personnes de tous les âges et de tous les pays la nouvelle de la mort de François fit sortir de leurs foyers ». Malgré les archers que Louis XII envoya pour préserver la dépouille du Saint contre le zèle indiscret de la foule, plusieurs des objets ayant appartenu au bon Père tombèrent entre les mains des fidèles. Son cilice, sa ceinture de cuir, ses habits, sa discipline furent distribués aux visiteurs qui les réclamaient à grands cris. Ces reliques furent autant d'instruments des plus éclatants prodiges. De nombreux témoins oculaires ont affirmé au procès de canonisation, à Tours, que par elles des paralytiques, des estropiés, des aveugles, des sourds-muets obtinrent leur guérison.

Le bienheureux vieillard était enseveli depuis trois jours à peine, lorsque, sur l'ordre de Louise de Savoie, on dut procéder à son exhumation pour le placer dans un sépulcre plus digne d'un grand Serviteur de Dieu. Son corps était intact, malgré le temps écoulé ; son visage, aussi sain, aussi frais, aussi souple, aussi beau que le jour de la mort.

Jean Bourdichon, peintre de Louis XII, qui témoigna de ce fait au procès de Tours, embrassa le Saint dans un élan de vénération, et put mouler ses traits pour la seconde fois.

CHAPITRE VII

Sa canonisation, — son culte jusqu'à nos jours

Le Procès canonique. — Nous l'avons vu, la mort ne mit pas un terme aux actions bienfaisantes du vénérable Ermite de Paule. Celui qui s'était fait le dernier de tous, le Minime des Minimes, remplit l'univers de la renommée de sa gloire. Son nom n'est jamais invoqué en vain ; les miracles viennent encore consoler les cœurs affligés.

C'est un mois seulement après la mort du Saint que la reine Anne de Bretagne avait obtenu la guérison subite de sa fille Claude de France. Fidèle à son vœu de travailler à la canonisation du Protecteur de la famille royale, elle écrivit aussitôt au pape Jules II pour le prier d'instruire sans délai la cause de François de Paule.

Le Souverain Pontife adressa au clergé de France, à ceux de Calabre et de Cosenza, un bref ordonnant de faire *promptement, fidèlement* et *prudemment* une enquête sur la vie et les miracles du Fr. François.

Jules II mourut avant d'avoir pu couronner l'illustre Thaumaturge.

Léon X le canonise. — Pendant son séjour à Rome, alors qu'il venait en France, en 1482, François fut un jour accosté par Laurent de Médicis qui dit à son fils : « Mon enfant, baise la main de ce Frère, car c'est un grand Saint ». François n'y mit aucune opposition ; mais il ajouta: « Je serai saint lorsque cet enfant sera pape. » Cet enfant était aujourd'hui devenu Léon X, successeur de Jules II, et, quatre mois après son avènement au trône pontifical, il mettait au rang des Bienheureux celui qui avait prédit ces deux grands événements. (7 juillet 1513.)

La piété des fidèles n'était pas encore satisfaite. Les lettres arrivèrent nombreuses à Rome demandant la canonisation du glorieux Fondateur des Minimes. L'Italie, l'Espagne se montrèrent impatientes ; mais la France eut le rôle le plus important dans ce concert de pétitions.

Le jeune roi François Ier, Louise de Savoie, sa mère, Claude de France, son épouse, qui devaient tant à François, et, à leur exemple, les princes et les princesses de la cour aidèrent de tout leur pouvoir les prélats chargés d'instruire la cause. Aussi, après l'acte solennel, la reine-mère Louise de Savoie se crut autorisée à écrire dans son journal : « L'an 1519, Fr. François de Paule fut par moi canonisé ; à tout le moins, j'en ai payé la taxe » (Poujoulat). C'est à cette date en effet, le 1er mai 1519, que Léon X proclama solennellement que « *François de Paule d'heureuse mémoire, fondateur de l'Ordre des Minimes, était inscrit au Catalogue des Saints.* »

La sentence pontificale, bientôt connue partout, suscita l'allégresse générale. De nouveaux et nombreux miracles marquèrent encore ces beaux jours.

Celui qui s'était plu à vivre caché est maintenant exposé sur les autels et assis sur un trône immortel dans les cieux.

« Quel honneur pour la ville de Paule et pour celle de Tours ! L'une a donné à la terre cet astre brillant de sainteté ; l'autre l'a envoyé au ciel. »

Illa solo dedit, hæc cœlo intulit. (Card. Simonète.)

Sa tombe est profanée par les protestants (1562.) — Depuis cinquante-cinq ans, les foules attirées par les miracles ne cessaient d'accourir au glorieux tombeau. Mais des temps néfastes prédits par le Saint étaient arrivés. Au début de l'année 1562, le P. d'Apvril, vieillard de 84 ans, disait avec tristesse au P. Mathurin : « Hélas ! mon père, nous touchons à l'année où, d'après l'avertissement de notre bienheureux Père, les églises de la ville de Tours vont être pillées et renversées. »

Le 14 Avril 1562, une troupe de soldats protestants envahissent le couvent. Rien n'échappe à leur rage. Après avoir massacré le P. d'Apvril, ils pillent et dévastent l'église. Ils profanent les tombeaux ; ils ouvrent celui du Bienheureux.... O prodige ! le corps est aussi flexible, aussi vermeil qu'au jour de l'inhumation.

Ce spectacle, qui aurait désarmé le dernier des barbares, ne fait qu'exciter davantage la férocité de ces suppôts de Satan. Armés d'une corde, ils traînent la sainte dépouille jusqu'à l'hôtellerie et la jettent dans un feu alimenté avec les débris d'un grand crucifix et d'une statue de Job.

Quand ces misérables se furent retirés, René Bedouet, fermier voisin du couvent, et quelques ouvriers, qui avaient pu se mêler aux Calvinistes sans être reconnus, furent assez heureux pour retirer du brasier une quinzaine d'os provenant du crâne, des épaules et des vertèbres.

Lorsque Louis de Bourbon eut repris la ville aux protestants, les religieux et les fidèles eurent à cœur de réparer les outrages qu'avait subis le tombeau vénéré. Une partie des reliques y furent de nouveau replacées. Charles IX vint lui-même au Plessis en pèlerinage et fit un don de 90.000 francs au monastère.

En 1582, le cardinal de la Rochefoucauld, frère de l'un des chefs protestants sacrilèges, fit présent aux Minimes d'une riche châsse couverte d'une lame d'argent et de pierres précieuses. Les reliques du Saint y furent déposées avec grande solennité.

Etat actuel des Reliques. — Après la tourmente révolutionnaire, en 1808, M. Brédif, homme très pieux, qui avait pu soustraire le précieux dépôt aux profanations, le remit entre les mains de M. Guespin, curé de N. D. la Riche. L'authenticité des reliques fut vérifiée par l'autorité compétente.

Aujourd'hui, l'église de N.-D. la Riche possède encore une partie de la natte de S. François de Paule, — un fragment de son cordon, — quelques pierres de son tombeau — et onze ossements seulement.

En 1830, le Roi de Naples reçut un de ces ossements, lors de son passage à Tours. En 1852, Mgr. Morlot en remit un autre au R. P. François de Paule Bœuf, restaurateur de l'Ordre à Marseille. D'autres fragments ont été donnés, en 1866, au Chapitre métropolitain et à la paroisse Ste Anne, et, en 1868, à la paroisse S. Julien-S. François.

Histoire du Couvent et du Culte de Saint François a Tours, jusqu'a nos jours. — Le monastère du Plessis brilla de son plus vif éclat au XVIIe siècle. Souvent d'illustres pèlerins venaient s'agenouiller sur la terre sainte qui gardait les cendres du grand serviteur de Dieu. Mais le siècle suivant fut marqué par une profonde décadence. Les Minimes ne purent résister aux tristes influences qui amenèrent la Révolution. Ils ne gardèrent pas dans leur intégrité le trésor de la foi, le zèle, la discipline qui auraient fait toute leur force, et, en 1790, tous les Religieux du Plessis trahirent leur vocation en prêtant le serment schismatique.

Le Couvent, confisqué par la Révolution fut vendu, et son église démolie. Racheté en 1807 par l'abbé Douillard, il servit provisoirement de petit Séminaire ; mais, après la disparition de l'Œuvre de M. Pasquier qui avait pris la place du petit Séminaire, il fut complètement abandonné.

Une simple croix en fonte désignait la place du tombeau vénéré du monde entier. « Quelques fleurs communes croissaient sans art sur cette terre bénie, et rappelaient, dit le biographe tourangeau, par leur éclat et leur parfum, la gloire et les vertus dont Dieu s'était plu à enrichir la tombe de son Serviteur ».

Seule, à Tours, la paroisse S. Julien - S. François, gardienne du nom vénéré et des anciennes traditions, conservait vivant le culte solennel du grand Saint de la Touraine. (1)

Cependant, le 18 avril 1874, la *Semaine religieuse de Tours* annonçant la fête de S. François de Paule qui devait se solenniser le lendemain dans cette même paroisse, fit un appel chaleureux à la dévotion des Tourangeaux, et profita de la même occasion pour rappeler le vœu émis l'année précédente par le comité des pèlerinages.

Le 5 mai, sous la direction de MM. les curés de la ville, quatre mille pèlerins venaient s'agenouiller dans les larges et solitaires allées du parc sanctifié par l'homme de Dieu.

Depuis lors, au moyen d'une souscription à laquelle ont pris part des membres de la famille de Saint François, on a pu élever sur le tombeau vide de l'illustre Minime, non pas une chapelle, mais l'abside d'une chapelle, où l'on dit la messe et où l'on va en

---

(1) On y célèbre la fête de S. François le second dimanche après Pâques, et on y conserve la dévotion dite des 13 vendredis. Ces jours là, les reliques du Saint sont exposées, et on les présente aux fidèles qui les vénèrent après les messes de 6 h. et de 9 h. La fête elle-même est précédée d'un triduum.

pèlerinage une fois l'an au printemps, soit en avril, soit dans les premiers jours de mai. (1)

Espérons que bientôt la Providence fournira l'occasion de couronner l'œuvre de la réparation, en permettant de mettre la dernière main aux travaux commencés.

(1) Notes de M. le Chanoine Verger, curé de S. Julien - S. François.

TROISIÈME PARTIE

Culte de Saint François à Fréjus

CHAPITRE Iʳ

Historique de ce culte

Fondation d'un couvent a Fréjus (1490). — Il y avait huit ans que François, à son passage, avait apporté le salut à Fréjus. Cette population ne se montra pas ingrate envers son bienfaiteur. Elle suivit pour ainsi dire tous les pas du Bienheureux avec un intérêt jaloux ; aussi, dès qu'elle eut connaissance du développement de l'Ordre des Minimes au Plessis, ses Consuls écrivirent au saint Fondateur pour lui offrir de construire un couvent dans leur ville. François accepta ce témoignage de leur reconnaissance ; il leur envoya six de ses disciples pour jeter les fondements du monastère.

Ces religieux furent reçus avec une grande joie et traités avec un empressement digne des fils du glorieux Thaumaturge. La ville se chargea de leur logement et de leur nourriture ; en même temps, les architectes commencèrent à bâtir le superbe couvent dédié à Notre-Dame de Pitié (1490). « On ne recula devant aucune dépense, lisons-nous dans une biographie italienne de 1731, pour donner à cet édifice la perfection remarquable que l'on admire encore aujourd'hui ».

Cet ex-voto de la piété reconnaissante était le troisième couvent des Minimes qui s'élevait sur le sol de France.

L'établissement des disciples de Saint François à Fréjus fut ratifié canoniquement par le Chapitre de la Cathédrale, en 1522, sous l'épiscopat de Nicolas, cardinal de Fiesque, qui donna alors à ces Religieux, au lieu vulgairement appelé *lou Pàti*, un terrain destiné à l'agrandissement du monastère.

« Ce monastère, dit Girardin, devint célèbre dans l'Ordre des Minimes, car leur Chapitre général y fut assemblé trois fois (en 1547, 1556, 1565). Fréjus était fort commode pour ces réunions. Situé sur le bord de la mer, il se trouvait aussi comme au milieu des monastères que ces Religieux avaient en France et en Italie. Mais plusieurs raisons, dans la suite, portèrent les Minimes à abandonner leur couvent de Fréjus, (1575). Ils firent là une faute que leurs Confrères regrettent aujourd'hui.

A leur place, notre ville appela les Religieux de

Saint François d'Assise, dits de l'Observance. Elle conserva toujours néanmoins une profonde vénération pour Saint François de Paule : nous le regardons comme un de nos patrons auprès de Dieu ».

S. François, second patron de Fréjus. — Nous voyons, par ces derniers mots de l'Historien local, que Fréjus ne crut pas avoir payé toute sa dette de reconnaissance envers son sauveur en élevant un couvent pour ses Religieux. A la réception des lettres patentes de François Ier promulguant la bulle de canonisation, la ville fut dans l'allégresse. Des fêtes solennelles furent organisées et célébrées avec une pompe jusqu'alors inconnue.

Les Consuls ne s'en tinrent pas à ces simples démonstrations ; au nom de la population, ils sollicitèrent et obtinrent l'autorisation de fêter Saint François de Paule comme second Patron de la cité. Une petite chapelle située dans le cloître du couvent (à gauche en entrant) fut dédiée au nouveau Saint et devint pour Fréjus un lieu sacré dont la ville se réserva toujours la propriété. (1)

C'est dans cette Chapelle, et non dans la grande église de N.-D. de Pitié, que depuis ce moment, chaque année au 2 avril, les habitants de Fréjus allèrent en procession rendre grâce à leur céleste Protecteur.

Là aussi, nos dévots ancêtres se réunissaient pour

(1) Le Couvent et la Chapelle du cloître ont été complètement démolis, en 1807.

prier dans les circonstances solennelles ; c'est devant l'image du Patron de la cité qu'ils allaient invoquer les lumières du Saint-Esprit avant l'élection des officiers municipaux. (v. *Archives de la Mairie*).

Déjà Saint François a la première place dans leurs affections religieuses. « Le Saint de l'antique cité romaine, de la ville épiscopale, ce n'est ni le premier apôtre qui vint y faire briller le flambeau de la foi : Fréjus a oublié jusqu'à son nom ; ni l'un de ces grands évêques qui sont la gloire de sa vieille église ; ce n'est même pas ce doux et admirable Léonce, l'ami d'Honorat, le plus illustre de tant d'illustres pontifes. En vain la vieille cathédrale porte son nom, en vain la loi officielle de l'Eglise assigne-t-elle Léonce comme le « Patronus loci » de Fréjus ; l'instinct populaire, plus fort que la loi dont il renverse en se jouant les barrières impuissantes, a substitué au vieil évêque des jours anciens, au Saint qui a vécu et qui est mort à Fréjus, un Saint de date plus moderne, un Saint qui de son vivant a traversé une seule fois la cité de Léonce et qui dans ce rapide passage a déposé les germes d'une confiance et d'une vénération que les siècles n'affaibliront pas » (1).

Vœu de la ville, en 1720. — On trouve, dans les archives de la Mairie, des pièces nombreuses pouvant servir à l'histoire du culte de St François à Fréjus depuis le XVIe siècle ; le plan restreint de cet opuscule

(1) M. le Chanoine P. de Terris.

nous empêche de faire de longues citations de déli-
bérations du Conseil de la cité.

Mais, chose bien digne de remarque ; pendant le
cours du XVIII⁰ siècle, ce siècle de froide impiété,
qui devait finir au milieu des saturnales sanglantes de
la Révolution, la dévotion à saint François de Paule
prit à Fréjus son plus grand développement et son
caractère si profondément original.

Nous sommes en 1720. La peste noire, qui fait de si
affreux ravages sur les côtes méditerranéennes, s'est
arrêtée aux portes de Fréjus. Les habitants ne se
méprennent pas sur la cause de l'heureuse exception
dont ils bénéficient, et nous lisons dans une *délibération du Conseil* du 20 octobre de la même année :

« Le consul Viany a représenté qu'attendu la PRO-
« TECTION ÉVIDENTE que le glorieux saint François de
« Paule a toujours marquée pour notre ville, il serait
« très à propos que la population lui *adressât en corps*
« *des prières* et qu'elle lui *fît un vœu à perpétuité*
« pour lui marquer la confiance qu'elle a dans sa pro-
« tection et pour le prier de la lui continuer surtout
« dans ce temps de peste et de calamité. »

Après avoir entendu l'exposé du Consul, pour obtenir de la miséricorde de Dieu, par l'intercession de
Marie et du glorieux saint François de Paule, que le fléau
épargnât la ville, le Conseil général prit solennellement, au nom de tous les habitants de Fréjus présents et à venir, l'engagement perpétuel,

de célébrer avec éclat la fête de saint François de

Paule le 2 avril, et de s'abstenir, ce jour-là, de toute
œuvre servile ;

de faire aussi, tous les ans, la procession générale
établie par les ancêtres ;

de faire célébrer, le 2 avril, la grand'messe dans
la chapelle du Saint. Pendant l'octave de la fête,
on devait y dire une messe basse, et le soir, vers les
cinq heures, chanter les litanies de St François de
Paule ou, à leur défaut, les litanies des Saints. MM. les
Consuls devaient assister en chaperon à ces offices.
(Cette octave de prières fut instituée comme une réparation du peu de dévotion avec laquelle la procession générale votive pouvait avoir été faite jusqu'à ce
jour) ;

d'allouer annuellement et à perpétuité, le 20
octobre, la somme de trente livres, comme dot de
mariage, à une pauvre et sage fille originaire de la
ville. L'acte de délibération prescrit des précautions
minutieuses, destinées à prévenir les abus, dans le
choix de la jeune fille privilégiée ;

enfin, de faire plafonner et blanchir le plus tôt
possible la chapelle du Saint.

Outre ce vœu important, le Conseil décida
encore de supplier Mgr. l'Evêque de vouloir bien
ordonner, mais pour l'année courante seulement, une
nouvelle octave de prières qui commencerait, après
l'octave des morts, par une procession générale et
serait clôturée de même.

Après ce vœu solennel et « irrévocable » prononcé
par toute l'Assemblée, les Consuls renouvelèrent, en

leur particulier, en leur propre nom et au nom de tous les habitants, la promesse formelle d'observer fidèlement toutes les prescriptions contenues dans l'acte de délibération du Conseil. Ils s'engageaient en outre à « mieux reconnaître par une juste confiance la protection évidente que le glorieux St François de Paule avait toujours fait éclater en faveur de leurs Anciens ; et ils priaient le saint Patron de la cité, avec un cœur plein de reconnaissance, de continuer à les protéger, surtout dans ces temps de danger, de peste et d'alarme » (1).

LES LITANIES. (1722.) — Pour répondre au désir exprimé par les Consuls de pouvoir chanter des litanies particulières au patron de la ville, le R. P. Joseph Raymond, observantin, gardien du couvent de Fréjus, composa ses « *Litanies, antienne, verset et oraison en l'honneur du glorieux S. François de Paule, Confesseur, Fondateur de l'Ordre des Minimes et Patron de la ville et cité de Fréjus* ». Ce sont ces litanies, approuvées par Mgr. de Castellane (11 avril 1722) que Fréjus chante encore au seuil du XXe siècle.

DON DU RELIQUAIRE ET TRANSLATION DE LA FÊTE. — La dévotion des Fréjusiens envers leur bien-aimé Patron ne se ressentit jamais de l'influence des mauvaises doctrines qui soufflaient la mort dans les cœurs ; les glaces du jansénisme ne purent la refroidir. Au mo-

____

(1) Ce document important est signé des noms suivants : Viany, 1er consul ; Calvy, consul ; Lambert consul ; Coste, secrétaire.

ment même où allait éclater l'orage révolutionnaire,
elle se manifesta d'une manière touchante.

En 1783, Messire Cavalier, prévôt du Chapitre,
désireux de favoriser la dévotion des Fréjusiens envers
saint François de Paule, obtint de Rome, avec l'aide
du chanoine Coste et après beaucoup de recherches,
quelques reliques du Bienheureux consistant en un
petit ossement et une portion de sa tunique. De
ses propres deniers, il fit exécuter à Paris, une châsse
en argent représentant le buste du Saint. Ce reliquaire, bénit par l'Evêque dans la cathédrale, le 21 avril,
fut porté processionnellement, le lendemain, dans
la chapelle du Saint Patron et dans toute la ville,
au milieu d'un grand concours de fidèles tant étrangers que du pays.

Le 17 mars de l'année suivante, le généreux Prévôt
fit don des reliques et de la châsse à l'église et à la
ville, à la condition : « — 1° que les dites reliques et
châsse seront gardées avec les autres reliques de la
Cathédrale ; que, dans le cas où le Chapitre viendrait
à être transporté dans la suite des temps ailleurs, la
relique et le buste de S⁰ François resteront toujours à
Fréjus à cause de la confiance, dévotion et affection que
le peuple porte à ce glorieux Saint ; — 2° que la procession qui se fait annuellement, le jour de la fête
patronale, passera avec sa relique, au retour, par la
rue du Piquet (rue Grisolle) et la *porte dite de Méous*
par où le Saint entra en venant à Fréjus ; — 3° que le
Chapitre suppliera Mgr. notre Evêque d'ordonner
que la fête de S⁰ François de Paule, qui tombe souvent

dans la Semaine sainte ou autres jours empêchés, sera établie à perpétuité annuellement au IIIe dimanche après Pâques, — 4° que l'office sera de seconde classe et tout canonial, à l'instar de ceux de saint Léonce et de saint Félix. »

Le Chapitre délibéra sur tous ces chefs, et Mgr. de Beausset-Roquefort, heureux de seconder la foi de son peuple et sa dévotion à saint François de Paule, homologua cette délibération et accorda de bon cœur toutes les autorisations demandées. (27 mars 1784). (1)

Grâce à cette heureuse innovation, la fête patronale va revêtir à l'avenir un éclat extraordinaire et tout particulier par son originalité.

La Bravade, le bateau et la représentation historique. (1784). — La Ville, dit l'auteur de « la Vie de Saint François de Paule avec des notes spéciales à Fréjus », accueillit avec beaucoup d'allégresse et de reconnaissance le don de ces précieuses reliques. Désireuse de leur rendre tous les honneurs qui étaient en son pouvoir, elle sollicita avec beaucoup d'instance du Parlement la permission de prendre les armes et de faire la *bravade* à la procession, le jour de la fête du saint Protecteur (2). Cette autorisation lui fut accordée par arrêt du 29 avril 1784.

(1) Extrait des registres du Spirituel du vénérable Chapitre de Fréjus.

(2) La supplique au Parlement porte qu'il sera mis à la tête de la Bravade *une personne de distinction* pour la diriger et empêcher les abus que les bravadiers pourraient faire de leurs armes.

A la procession, les reliques de Saint François étaient portées sous

En même temps, un citoyen plein d'une généreuse ferveur, le sieur Marc-Antoine Demore, surnommé la *« jambe de bois »*, capitaine marin, faisait hommage à la ville d'un bateau avec ses agrès qu'il avait construit lui-même, « et qui, ajoute la délibération du 16 mai 1784, fut traîné, lors de la procession générale, avec adresse, à la grande satisfaction de tous les habitants et aux applaudissements des étrangers qui étaient accourus de toutes parts ».

A la même époque fut encore inaugurée la touchante cérémonie dite « la *Représentation historique* » qui se reproduit aussi chaque année, le samedi matin, et forme, pour ainsi dire, la clef explicative de toutes ces fêtes.

A partir de ce moment, le cérémonial de la grande solennité était définitivement fixé.

Une vieille complainte, composée en 1784, et très populaire à Fréjus, quoique d'une facture bien imparfaite, nous rappelle la physionomie de ces réjouissances au moment où elles furent organisées (1). Leur caractère n'a pas changé : témoin la pittoresque description que nous en a donnée, en 1899, le gracieux troubadour fréjusien déjà cité (2). M. le cha-

---

le dais. La pesanteur de ce dais détermina plus tard M. le Maire et les Consuls à demander au Capitaine des fantassins de fournir six porteurs toutes les fois qu'il y aurait procession générale. Le Conseil, après délibération (25 mars 1788), décida d'allouer la somme de 24 livres à ces six fantassins, enjoignant qu'ils fussent en uniforme et en état décent.

(1) V. page 125.
(2) V. page 128, La Sant Francés à Frejus, pèr C. D.

noine Paul de Terris, ancien vicaire général de Fréjus, de son style enjoué et délicat, en a buriné le tableau intéressant autant qu'original. Sa vivante et délicieuse plaquette va servir largement à enrichir les pages qui suivent (1).

(1) v. Fête de Saint François de Paule à Fréjus, par l'abbé P. de Terris.

CHAPITRE II

Fête de Saint François de Paule à Fréjus

LA PRÉPARATION A LA FÉTE. — Comme on a déjà pu
s'en rendre compte par les récits précédents, ce n'est
pas une solennité çomme une autre que la fête de
Saint François à Fréjus. Aucune des fêtes populaires,
si nombreuses en Provence, n'a conservé un caractère aussi dramatique et aussi touchant.

Le Fréjusien se prépare à sa fête longtemps à
l'avance. Le lendemain de Noël, il y a eu, à 6 heures,
une messe populaire : c'est la messe de saint Etienne ;
on y va demander, par l'intercession du saint martyr,
d'être préservé des faux témoins. Mais à 9 heures, le
même jour, le tambour bat le rappel dans toutes les
rues de la petite ville, et, bannières déployées, la population endimanchée accourt tout entière ; les hommes surtout envahissent la vieille Cathédrale, dont
l'enceinte est trop étroite à ce moment, pour assister
à une autre messe, célébrée celle-ci en l'honneur de
Saint François de Paule et nommée *la première messe
de préparation* à la fête.

La messe finie, on sort de l'église avec le même
appareil, quelques-uns, hélas ! pour n'y rentrer que le

lendemain du jour de Pâques, où ils viendront assister, dans les mêmes conditions, à la même heure et avec le même appareil, à la *seconde messe de préparation*.

Enfin, la grande semaine est arrivée : des affiches multicolores ont fait connaître à la ville et aux alentours le programme religieux et civil de la solennité. Les figurants de la bravade ont fourbi le vieux fusil à pierre, vénérable relique digne de figurer au musée d'artillerie. La main industrieuse de la femme ou de la mère de famille a retiré avec précaution de l'armoire héréditaire l'uniforme de circonstance, qui,.

> Sous les ais vermoulus d'une armoire poudreuse,
> Repose avec honneur depuis plus de cent ans (1);

elle a réparé avec soin les ravages que les mites irrespectueuses ont fait subir à l'étoffe ou à la fourrure, brossé et astiqué ce bel habit, dont les couleurs futent voyantes au temps jadis, d'une manière si correcte que le capitaine le plus exigeant n'aura rien à y redire au jour de la revue. On voit bien que chacun prend au sérieux le rôle qu'il va remplir pour la circonstance.

Chaque soir de cette semaine, toujours trop longue au gré de bien des impatiences, le son belliqueux du tambour et du clairon, mêlé au fifre provençal, réveille les échos d'ordinaire si paisibles de la cité.

1) Fête de Saint François, poème héroï-comique, par E. C.

La solennité proprement dite commence dès le vendredi soir. Le programme porte : Grande retraite aux flambeaux avec musique, chevau-légers, marins, voltigeurs, turcos et hussards.

C'est un spectacle que nous aimons beaucoup en Provence que ces retraites aux flambeaux, nommées *« pegoulado »* dans notre vieille langue. Rien d'étrange, de fantastique, comme ces longues et joyeuses processions, se déroulant, au son d'une musique entraînante, à travers le dédale de nos rues tortueuses et étroites, éclairées par la lueur rougeâtre des flambeaux de résine, qui répandent, avec les flots d'une lumière douteuse, d'épais nuages d'une âcre fumée.

La Représentation historique. — La journée la plus intéressante, pour une étude de mœurs provençales, est incontestablement celle du lendemain samedi. Si vous parcourez dès le matin les rues de la vieille cité, vous les trouverez pavoisées et enguirlandées avec une coquetterie de jeunesse. Peu après, c'est-à-dire vers 9 heures, ainsi que le porte le programme, la *troupe se rend à la Chapelle de saint Roch pour amener le bateau.* Nous avons vu précédemment qu'en 1784, un honnête capitaine marin, Demore, avait fait présent d'un petit navire, destiné à figurer dans la Représentation de l'entrée de saint François. Ce navire, ou celui qui lui a succédé, peut mesurer trois ou quatre mètres de long. Il est fort bien construit, muni de tous ses agrès, et de plus monté sur des roues, car il ne verra jamais la mer.... que

de bien loin. Pendant le cours de l'année, on le conserve soigneusement dans la chapelle de saint Roch, (1)
d'où il ne sort qu'à l'occasion de la grande solennité
fréjusienne.

Le moment est enfin arrivé. A travers les flots
d'une population que ce spectacle ne lasse jamais, la
petite armée populaire, composée de ses quatre corps
bien distincts, les marins, les turcos, les hussards et
les chevau-légers, se dirige, aux accents de la musique
et des tambours, vers la chapelle susdite. Monté sur son
aflût, escorté du corps de la marine et traîné par quelques bras vigoureux, le bateau symbolique sort de la
chapelle, et le cortège prend le chemin de la porte
de *Méous*, par laquelle, dit la tradition, arriva saint
François de Paule. Mais, à ce moment, les personnages qui ont le privilège d'attirer tous les regards,
au détriment des fidèles piétons, des robustes marins,
des turcos à la mine martiale, et des hussards au
brillant uniforme, ce sont les deux acteurs du petit
drame qui va s'exécuter, la *vieille femme* qui reçut le
Saint à son entrée à Fréjus, et *Saint François* lui-même.
Le rôle de la vieille femme qui reçut le Saint a été
rempli, jusqu'à ces dernières années, dit-on, par un
membre de la famille de la bonne Fréjusienne de 1482 :
précieux héritage, qui passait de génération en génération. Cette famille s'étant éteinte, on n'a pas eu de
peine à trouver qui voulût recueillir la succession.

(1) Autrefois il était placé dans la chapelle dédiée à St François, dans
le cloître des Minimes.

L'honnête et pieuse femme s'avance donc, revêtue du simple costume des filles du peuple et tenant en main la quenouille. A côté d'elle, péniblement appuyé sur son bâton de voyage et suivi de son compagnon, marche saint François ; ici, de même, c'est souvent un enfant de saint François de Paule, un Religieux, un vrai Minime, qui tient la place du saint Fondateur de son Ordre. On trouve tout cela très naturel et l'on a bien raison ; car, la petite scène dont nous allons être les témoins n'est pas destinée à repaître la curiosité d'une foule indifférente ; c'est le souvenir vivant d'un des événements les plus mémorables de l'histoire de la cité ; c'est une leçon toujours comprise, une prédication qui trouve sans peine le chemin de tous les cœurs.

Nous avons vu déjà que ce fut à quelques pas de la porte de *Méous*, sur la *Placette*, que saint François rencontra la vieille femme. L'exiguité du lieu a été cause que l'on a transporté sur la grande place de l'Evêché le théâtre de *la Représentation*. Le cortège débouche par la rue de la Cascade ; la troupe marche en tête, puis la vieille femme, saint François et son compagnon *précédant le bateau* ; enfin, la musique. La vaste place peut à peine contenir la foule ; toutes les fenêtres sont garnies de spectateurs attentifs et, il faut l'ajouter, respectueux et recueillis. Le cortège fait ainsi trois fois le tour de la place ; puis, on s'arrête ; un cercle se forme autour des acteurs du drame traditionnel ; un grand silence s'établit.

Le bon Minime à figure vénérable qui représente

saint François, commence par porter plusieurs fois ses regards de tous côtés.... : il est censé ne voir personne. Puis, apercevant la vieille femme :

Fremo, *lui dit-il en langue provençale*, d'ounte vèn qu'en aribant dins aquesto grando vilo, noun rescontri degun ? D'ounte vèn que lei pouerto e lei fenèstro soun fermado ? Que vèsi meme l'erbo crèisse pèr carrièro ? D'ounte vèn uno tant grando soulitudo ?

Femme, d'où vient qu'en arrivant dans cette grande ville, je ne rencontre personne ? D'où vient que les portes et les fenêtres sont closes ? Que je vois l'herbe croître par les rues ? D'où vient une telle solitude ?

Oh ! moun Pèro, *répond la vieille femme*, es que la pèsto ravajo despuei long-tèms aquestou païs ; que quasimen tóutei seis abitant n'en soun morteu et que aquélei que vivoun encaro se tenoun enferma dins seis oustau, o bèn se soun retira dins lei campagno e dins lei fourèst, e que ièu siéu touto souleto dins la carrièro, en esperant l'ouro de Diéu.

Ah ! mon Père, c'est que la peste ravage depuis longtemps ce pays. Presque tous les habitants sont morts, et ceux qui vivent encore se tiennent renfermés dans leurs maisons, ou bien ils se sont réfugiés dans les campagnes et les forêts ; et moi, je suis ici, toute seule dans la rue, en attendant l'heure de Dieu.

Le Saint a écouté pensif le touchant récit de la bonne femme. Il lui répond :

Fremo, pèr carita de Diéu ! ensignas-me ounte es la glèiso.

Femme, pour l'amour de Dieu, montrez-moi où est l'église.

A ces mots, la femme conduit le Saint à l'église cathédrale. Il entre, fait un moment de prière et, en sortant, sonne trois coups de la grande cloche, comme pour convoquer le peuple. Puis, arrivé sur la place publique, il se met à genoux, trace, avec son bâton de pèlerin, une croix sur le sol, et, levant les yeux et les bras vers le ciel, il crie par trois fois, en haussant le ton à chaque reprise :

Misericòrdi, Signour, pardounas au pople de Frejus.

Miséricorde, Seigneur, pardonnez au peuple de Fréjus.

Ensuite il se relève, et s'adressant de nouveau à la femme :

Fremo, anas dire eis abitant que vivoun encaro que la coulèro de Dièu s'es apeisado ; que lou fléu de la pèsto a disparèissu, e que la pèsto noun revendra jamai plus à Frejus, e que se souvèngoun de Francés de Paulo.

Femme, allez dire aux habitants qui vivent encore que la colère de Dieu s'est apaisée ; que le fléau de la peste a disparu ; que la peste ne reviendra jamais plus à Fréjus, et qu'ils se souviennent de François de Paule.

Et la femme s'écrie, dans les transports de la joie la plus vive :

Pople de Frejus, la pèsto a disparèissu dou mitan de nautre. Un Sant que vèn d'arriba nous n'en a deliéura pèr sei preguièro, e nous a proumés que la pèsto noun revendrié jamai plus à Frejus.

Agués fe en la paraulo dou Sant que lou bouen Diéu nous a manda dins sa grando misericordi. N'agués plus pou de rèn : revenès en touto assuranço dins vouéstreis oustau : reprenès emé counfianço vouéstreis oucupacien ourdinàri. Mai recoumandas vous toujour à Sant Francés de Paulo, e d'aquéu grand bènfa de la deliéuranço de la pèsto pèr sei preguièro n'en perden jamai la memori.

Peuple de Fréjus, la peste a disparu du milieu de nous. Un Saint qui vient d'arriver nous en a délivrés par ses prières, et nous a promis que la peste ne reviendrait jamais plus à Fréjus.

Ayez foi en la parole du Saint que le bon Dieu nous a envoyé dans sa miséricorde. N'ayez plus peur de rien : revenez en toute assurance dans vos maisons ; reprenez avec confiance vos occupations ordinaires. Mais recommandez-vous toujours à Saint François de Paule, et de ce grand bienfait de la délivrance de la peste par ses prières ne perdons jamais la mémoire.

A ces mots, les tambours battent aux champs, les clairons sonnent l'air de la délivrance et de la victoire, et la troupe, suivie de la population tout entière, sans excepter le bateau, la femme, le Saint et son compagnon, entre à la cathédrale.

Ce petit drame est incontestablement un des usages populaires les plus curieux et surtout les plus émouvants qui se soient conservés dans le midi de la France. Au pied du clocher de la vieille cathédrale de Riculfe, sur la grande place de Fréjus, avec ce cadre de la troupe, dont les armes et les uniformes resplendissent au soleil du midi sous le beau ciel de la Provence, c'est à se croire en plein moyen âge. Je ne m'étonne pas que ce spectacle soit toujours nouveau pour ceux qui l'ont vu plus de vingt fois ; je ne m'étonne pas du silence solennel avec lequel tout le monde écoute, de l'émotion profonde qui gagne l'immense assistance, des larmes qui *perlent* à bien des yeux ; tant il est vrai que les spectacles inspirés par la Religion et le patriotisme sont toujours ceux qui vont le plus au cœur d'une population que n'a point encore gâtée le scepticisme moderne.

MESSE MILITAIRE — SALUT MILITAIRE. — A la suite de la messe, qui figure sur le programme sous le nom de MESSE MILITAIRE, M. l'Archiprêtre bénit les armes de la troupe. Cette bénédiction a pour objet d'obtenir, par l'intercession du Saint, qu'il n'arrive aucun accident fâcheux à ceux qui feront usage de ces armes.

C'est à partir de ce moment-là seulement que toute permission est donnée de faire parler la poudre. Il est juste de dire que nos braves Fréjusiens en usent en conscience. Ce qui se tire de coups de fusil, pendant ces trois jours, dans les rues si tranquilles de

Fréjus, bien habile qui pourrait le savoir. Bon an, mal an, on ne brûle pas moins de cent cinquante kilos de poudre.

Dans l'après-midi de ce jour, on va faire le Salut militaire aux autorités religieuses et civiles et aux chefs de la *Bravade*. Ce salut militaire consiste naturellement en une bruyante détonation de mousqueterie.

Bien que l'élément profane soit parvenu à conquérir une certaine place dans la fête patronale de Fréjus, il faut bien reconnaître que l'élément religieux y garde encore la part la plus large. Le vrai Fréjusien tient à faire les choses sérieusement ; la joie chrétienne est sérieuse en effet, mais d'un sérieux qui n'enlève rien à la franche expansion de la gaieté méridionale.

La Bravade. — Le dimanche, à 9 heures du matin, a lieu dans la cathédrale et à l'autel du Saint, la messe de Saint François, avec toute la solennité que peuvent donner la présence de la *Bravade* et de la musique et le concours d'une immense population.

Mais passons rapidement sur les détails moins importants ou moins typiques de la solennité de ce jour, et arrivons-en à la grande manifestation populaire, la *Procession avec Bravade*. Voilà encore un des usages les plus chers à nos populations de la basse Provence.

La *Bravade*, c'est l'escorte militaire qui accompagne une procession. Elle était destinée, à l'origine, dans les époques troublées par les incursions des

Maures, à mettre sous la sauvegarde de l'épée, les fêtes religieuses et les divertissements populaires. Un bon nombre de localités du Var ont conservé jusqu'à nos jours l'usage de la *Bravade*.

C'est à l'issue des Vêpres solennelles de Saint François, chantées dans l'église cathédrale, que la procession avec *bravade* se déploie dans les rues de la cité.

En tête du cortège, un minuscule semblant de cavalerie enfantine s'avance, trottinant au son du galoubet et du tambourin. C'est le corps gracieux des « chivau-frus » (chevau-légers) qui viennent animer le spectacle de leurs fraîches figures de huit ans et de leurs évolutions pittoresques.

Les hussards à cheval arrivent majestueux, à leur suite. Costume irréprochable ; pas une aiguillette n'y manque. Avec leur grande veste rouge, la petite veste bleu de ciel par dessus, le sabre au poing, ces braves jeunes gens n'ont pas mauvaise façon du tout. Ils tiennent à se montrer dignes de leurs devanciers de 1784, dont la vieille complainte fait ainsi l'éloge :

> Compagnie parfaite
> De messieurs les hussards,
> Vous brillez à la tête
> Avec vos étendards.
> Les manteaux admirables
> Dont vous êtes parés
> Vous rendent remarquables
> Jusques des étrangers.

Il faut bien espérer que cette « *compagnie parfaite* »

ne manquera pas de trouver des recrues. On a pu remarquer, en effet, depuis quelques années, plusieurs jeunes cavaliers.... en espérance, portant à pied, mais fort gentiment, le joli costume des hussards, et tenant fièrement le vieux drapeau de la troupe.

Après l'escadron de cavalerie, voici s'avancer le gros de l'armée, le « *beau corps des grenadiers, sous son bel équipage* et *les fidèles piétons* », dont les tuniques et les shakos, vénérables reliques de tous les âges, sont encore fièrement portés ; puis les marins, avec la veste bleu-foncé au grand col rabattu et le petit chapeau de toile cirée ; et enfin un corps de formation récente, que je ne trouve naturellement pas mentionné dans la complainte centenaire de 1784, les turcos.

Est-ce en mémoire des hôtes primitifs de nos montagnes des Maures que l'on a formé le corps des turcos ? Je ne sais... l'idée serait heureuse de vouloir faire contribuer à la solennité de la *bravade* les représentants de ceux contre lesquels elle fut établie, il y a mille ans. Toujours est-il que ce corps est tellement bien organisé qu'il n'y manque pas même la *cantinière...*, un jeune garçon de douze ans, qui porte d'une façon très allègre l'uniforme de circonstance, courte jupe brodée et petit baril, qui est loin de peser à la fin du jour le poids de la première heure.

Mais il ne faudrait pas s'imaginer que nos braves troupiers assistent pacifiquement à la procession, l'arme au bras. On ne serait peut-être pas de la *bravade*, si l'on ne devait y faire parler la poudre. Aussi, tout le temps que dure cette procession (et Dieu sait si on trouve le moyen de la faire durer), les divers déta-chements de la petite armée n'ont-ils d'autre manœu-vre à exécuter que de se succéder devant la croix qui précède le clergé, et de décharger en l'air leurs fusils, les détonations ininterrompues de mousqueterie, bien mieux que les accords de la musique et le chant des hymnes ou des litanies formant l'accompagnement obligé et essentiel de la solennité.

, Enfin pour être complet, je ne dois pas oublier de dire que le bateau traditionnel, ainsi que le bon Frère remplissant le rôle de Saint François et la bonne femme de la veille, doivent aussi faire partie du cor-tège. A la suite, vient le clergé, le buste du Saint, porté par quatre diacres en dalmatique, le vénérable Chapitre et le célébrant, suivi des autorités civiles et des notables de la cité. Rien ne manque à la fête quand on a la consolation de voir l'Evêque lui-même présider la solennité et prendre part à la joie de son peuple, aux hommages qu'il rend au saint Patron de Fréjus.

A peu près vers le milieu du parcours, après avoir fait une station à la chapelle de Saint François, le cor-tège fait le tour de la *Place Agricola*, remonte par la *rue Nationale*, puis, descendant la *rue aux Arbres* (rue Grisolle), passe, pour obéir aux intentions du fondateur, messire Cavalier, prévôt du Chapitre, par la porte de *Méous*, en suivant l'itinéraire que suivit saint François lui-même. Arrivée sur la petite plate-forme qui précède la porte, la *bravade* fait une dé—

charge générale du côté de la mer, pour saluer l'endroit où le Saint aborda sur notre plage.

Le couronnement. — Un spectacle non moins intéressant que tout le reste nous attend sur « *la Placette,* » au lieu même où, selon la tradition, le Saint rencontra la vieille femme. Là, un immense arc de triomphe a été dressé : le buste du Saint s'arrête un moment, et une colombe vient déposer sur sa tête une couronne de roses blanches. A la fin de l'oraison chantée par le célébrant, M. le Maire de Fréjus coupe avec des ciseaux le fil qui retenait la gracieuse colombe. C'est le signal : la *bravade* fait une décharge générale de ses armes ; le buis de l'arc de triomphe tombe, et chacun en emporte un rameau en souvenir de la fête, et avec la confiance que ce rameau de l'arc de triomphe de saint François sera un préservatif contre l'incendie.

A ce moment, d'ordinaire, la nuit est arrivée, le cortège rentre à la Cathédrale, où les dernières prières d'usage sont suivies du salut du Saint-Sacrement.

Salut au Saint et retour du bateau. — De la journée du lendemain contentons-nous de décrire brièvement l'exercice final.

Sur les 6 heures du soir, après le chant des litanies et le salut du Saint-Sacrement, pour clore la fête religieuse, chacun des soldats de la *bravade* vient tour à tour rendre ses hommages à la statue et aux reliques

du saint Patron, exposées sur un autel ruisselant de
lumière et de fleurs. Les officiers présentent leur épée
et l'inclinent avec respect devant l'image vénérée ;
les hussards, leur sabre de cavalerie ; les simples fusil-
liers des corps de la marine et des turcos s'approchent
l'un après l'autre, l'arme au bras, rendent, chacun à
sa manière, les honneurs militaires, puis, viennent
baiser respectueusement les reliques du Saint ; le
porte-enseigne incline son étendard, le clairon joue
un de ses airs les mieux réussis. Toute la troupe sort
enfin de l'église, aux bruyantes détonations de la
mousqueterie. La population, qui remplit l'auguste
enceinte pour assister à ce spectacle, se précipite vers
l'autel pour baiser à son tour les reliques du saint
Patron.

La fête religieuse est terminée : il ne reste plus qu'à
reconduire à la chapelle de saint Roch, au son de la
musique et au bruit de la fusillade, le bateau qui va
attendre en paix pendant une année entière le retour
de la prochaine fête. Il est inutile d'ajouter que jusqu'au dernier moment, un immense concours de population suit le cortége traditionnel.

Quelques instants après, les dernières charges de
poudre ont été brûlées ; chacun rentre chez soi. Le
vieux fusil retrouve sa place au ratelier, et l'antique
uniforme au fond de l'armoire de famille.

Telle est, à Fréjus, la fête de Saint François de
Paule, fête animée, pittoresque, bruyante, comme
savent les faire les Provençaux ; fête dont certains détails sembleront étranges à un homme du Nord, mais

dont personne ne songe à s'étonner en Provence, tant ils sont passés dans les traditions et comme dans le sang. En somme, il est bon que l'on ait conservé ces vieux usages, et nous félicitons la population qui a su les garder. Il y a là non-seulement comme un souvenir archéologique d'une époque évanouie, il y a surtout l'indice non équivoque d'un profond sentiment patriotique et religieux. A l'heure où l'impiété et l'indifférence envahissent jusqu'aux campagnes les plus reculées, on aime à trouver des populations croyantes qui savent affirmer d'une manière aussi solennelle leur foi chrétienne et catholique, la foi aux miracles, la foi à l'intercession des Saints, la foi à une autre vie d'où le saint Patron continue de veiller sur ceux qu'il a protégés sur la terre. Oui, certes, cela est consolant, et le culte de nos Saints populaires n'aurait-il d'autre effet que d'affirmer et de raviver ce reste de foi, ce serait déjà un signe d'espérance, augure infaillible de temps meilleurs (1).

(1) V. La fête de S. François de Paule à Fréjus, par M. le Chanoine Paul de Terris.

CHAPITRE III

Histoire de la chapelle et du Couvent des Minimes
(de 1784 à 1900)

Départ des Cordeliers (1785). — Tandis que la dévotion des habitants se ranimait et prenait ce caractère original qu'elle a conservé jusqu'à nos jours, les
Religieux Observantins, successeurs des Minimes à
Fréjus, avaient fini eux aussi par abandonner presque
complètement le monastère. En 1784, il n'y avait
plus qu'un seul Père ; encore ce religieux remplissait-il
en même temps les fonctions de vicaire aux Arcs, ce
qui l'empêchait de garder la résidence une grande
partie de l'année.

Cet oubli des clauses de la fondation devint le
sujet d'un grave mécontentement et des plaintes réi-
térées de la Communauté de Fréjus. Les actes de délibération de son Conseil en font foi.

Enfin, après beaucoup de pourparlers, il intervint,
sous la date du 19 avril 1785, une transaction par
laquelle les députés du Chapitre provincial des Cordeliers cédèrent à la ville, moyennant la somme de
neuf cents livres, l'église, le couvent et toutes ses
dépendances.

Une partie du couvent fut alors convertie en maison d'enseignement secondaire ; l'autre fut occupée par divers particuliers moyennant un loyer d'une valeur insignifiante.

Par suite du malheur des temps et des contrariétés sans cesse renaissantes dont ce local fut, paraît-il, l'objet pour l'administration, celle-ci n'y fit que dé rares réparations.

L'Eglise du Couvent est dédiée a S. François (1788). — Une autre circonstance le fit négliger encore davantage. Une fois rentrée en possession complète du Couvent et de son église au départ des Observantins, la ville résolut d'abandonner la petite chapelle du cloître pour le sanctuaire de N.-D. de Pitié, plus vaste au moins des neuf dixièmes.

Le 15 mars 1788, les Consuls présentèrent à Mgr. de Beausset une requête dans laquelle ils exposaient le pieux désir des habitants de Fréjus *Au nom de leurs concitoyens,* et pour des raisons multiples, ils demandaient que *l'autel et tous les tableaux de la petite chapelle fussent transférés dans la grande église du monastère,* et que dorénavant *cette église fût dédiée à Saint François.*

Mgr de Beausset autorisa cette translation par un acte daté du 29 mars 1788.

Pendant les guerres de la période révolutionnaire, le passage continuel des troupes fit convertir le monastère en manutention. L'état de dégradation allait toujours en augmentant, lorsqu'en 1807 l'Autorité municipale fit opérer la démolition complète de cet édifice. (1)

DEPUIS LA GRANDE RÉVOLUTION. — A peine le vieux sanctuaire de N.-D. de Pitié avait-il donné une place à l'autel de saint François, à peine ses murs rajeunis venaient-ils d'être ornés des tableaux et des innombrables *ex-voto* de la Chapelle abandonnée, que la Révolution en fit fermer les portes pour le livrer aux usages les plus profanes. Mais cette marâtre impie, qui voulait étouffer même la liberté de la reconnaissance, put à peine interrompre les exercices publics du culte ; elle ne parvint pas à affaiblir la confiance traditionnelle de la population de Fréjus envers le saint Patron.

Dès les premières années du XIXᵉ siècle, la *Représentation de l'entrée de Saint François à Fréjus* et la *procession avec bravade* furent reprises selon l'usage antique. C'est notre vieille cathédrale, rouverte la première aux splendeurs du culte catholique, qui abrita d'abord le renouveau de la dévotion populaire, en attendant que Fréjus pût voir couronner de succès des tentatives restées trop longtemps infructueuses.

RESTAURATION DE LA CHAPELLE (1858.) — Enfin, en 1858, grâce à l'initiative d'un Fréjusien, digne héritier du prévôt Cavalier, le vénérable chanoine Rol-

(1) D'après des notes jointes à la « Vie de saint François de Paule, patron de Fréjus. »

land, noblement secondé par la générosité et le dévouement de ses compatriotes, l'antique et gracieuse chapelle, rachetée et rendue au culte, vit encore les foules pieuses fouler son pavé béni, et les dévots Fréjusiens firent de nouveau retentir ses voûtes majestueuses des mélodies naïves qui y avaient bercé leur enfance. Tous sans exception avaient voulu contribuer de leur argent ou de leur travail à ce grand acte de réparation ; ce zèle extraordinaire permit de donner à la restauration des proportions qui dépassèrent toute attente.

Ainsi a été conservé ce temple cher au cœur des fidèles de Fréjus et, par là même, cette œuvre d'architecture, création à la fois imposante et gracieuse de l'art ogival, où tout imprime à l'âme un sentiment éminemment religieux et aide puissamment l'esprit à s'élever vers le Seigneur.

L'autel de saint François est surmonté d'une ancienne statue qui est loin d'être une œuvre d'art, mais devant laquelle plusieurs générations ont répandu leurs prières et leurs actions de grâces. Par derrière, fixé au mur, au milieu d'une multitude d'ex-voto dont les plus anciens ont échappé au vandalisme révolutionnaire, une vieille toile nous montre le Saint, le nimbe au front, recevant des mains du pape Jules II la triple Règle approuvée et portant ces mots laudatifs et déprécatoires : « Quicumque hanc regulam secuti fuerint super illos pax. Que la paix du

Seigneur soit le partage de ceux qui auront suivi cette règle. » (ad Galatas VI. 16.) (1)

Parmi les autres tableaux, un saint François d'Assise nous rappelle le long séjour des Franciscains au couvent de Fréjus.

PORTIONCULE (1859). — La chapelle, au temps où elle appartenait à ces Religieux, jouissait de l'indulgence du saint Pardon ou de la Portioncule. Le vénéré Mgr. Jordany s'empressa de demander au Saint Père le renouvellement de cet insigne privilège et l'obtint par un Indult daté du 11 février 1859.

RETOUR DES MINIMES (1859). — Au mois d'août de la même année, Fréjus, par l'intermédiaire de M. le chanoine Rolland, secrétaire général, priait le Général de l'Ordre des Minimes de lui envoyer quelques Religieux. Trois Pères arrivèrent de Rome et se présentèrent devant Mgr. Jordany qui approuva et bénit leur projet. Les nouveaux venus occupèrent quelques-unes des antiques cellules encore debout et réparées à la hâte, en attendant l'achèvement du modeste couvent qui s'élevait sur les ruines de l'ancien.

En 1873, le P. Général nomma pour supérieur de la nouvelle communauté le R. P. Bœuf, en religion Fr. Archange de l'Immaculée Conception, neveu du

---

(1) Cette toile vient d'être volée par d'audacieux malfaiteurs restés inconnus. Elle a été remplacée par un petit tableau, sans valeur artistique, représentant le Saint passant le détroit de Sicile sur son manteau.

R. P. François de Paule Bœuf qui avait essayé sans succès de restaurer l'Ordre à Marseille, en 1843.

Instruits par l'échec de cette première fondation, les Religieux adoptèrent toutes les modifications et tous les adoucissements apportés par les Souverains Pontifes et les Chapitres généraux à la Règle primitive. Ils conservaient la vie quadragésimale dans toute sa rigueur. Ils unirent aussi la vie active à la vie contemplative et ils se proposaient de se livrer à la prédication, à l'instruction des enfants, à la direction des orphelinats même agricoles, enfin, à toutes les œuvres extérieures de zèle et de charité. Mais cette seconde tentative de restauration de l'Ordre en France n'a pas eu un meilleur résultat que la première.

Aujourd'hui, l'un des vicaires de la paroisse occupe la maison construite pour les Pères Minimes.

LA CHAPELLE DE S. FRANÇOIS EN 1900. — La Chapelle de St. François de Paule, érigée en chapelle de secours, est maintenant desservie, sous la direction du curé de l'église cathédrale, selon la teneur du Décret impérial du 30 novembre 1858.

Chaque année, on y célèbre les exercices du mois de Marie, avec une grande pompe et devant une foule recueillie et toujours compacte.

La fête solennelle de Saint François de Paule, IIIe dimanche après Pâques (1), est suivie d'une octave de

---

(1) Ces lignes étaient déjà écrites lorsque l'autorité municipale a demandé et a obtenu que dorénavant la fête patronale, religieuse et profane, soit renvoyée au dimanche dans l'octave de l'Ascension.

prières. Pour se conformer au vœu perpétuel du 20 octobre 1720, le matin, à l'issue de la messe, on doit chanter les litanies de la Sainte Vierge, et le soir, vers les 5 heures, celles du glorieux Patron, avec l'antienne, verset et oraison. Cette simple cérémonie, suivie du salut du Saint-Sacrement, attire tous les soirs de l'Octave un grand nombre de fidèles.

Mais les Fréjusiens n'attendent pas que le cours de l'année ramène ces grandes circonstances pour visiter le sanctuaire vénéré. Il ne se passe pas d'heure où l'on ne trouve une personne en prière devant l'autel du Saint : ce sont des dames du monde, des gens du peuple, des personnes de service, des étrangers. Au cours de leur promenade, de tout jeunes enfants viennent, au bras de leur nourrice, saluer leur aimable Protecteur.

Le Fréjusien aime son Patron glorieux ; François est le confident de ses peines. C'est dans le crédit du Saint auprès de Dieu et dans la prière répandue au pied de son antique image que la mère désolée cherche l'espérance de conserver la vie précieuse de son enfant ; c'est à une ardente supplication adressée à l'aimable Saint que l'homme, même d'une foi bien faible, doit la faveur d'échapper à une perte certaine ; c'est dans l'accomplissement d'un acte de foi semblable que le jeune homme se voit préservé d'un danger imminent.

Les murs de la chapelle chargés d'ex-voto témoignent que le Saint se laisse toucher facilement par les accents de la confiance populaire. Des tableaux d'un art plus que primitif nous disent, dans leurs naïfs dessins, la reconnaissance de malades guéris miraculeusement; de petits navires racontent à notre imagination un naufrage évité ; plusieurs tromblons au canon écartelé, suspendus à côté de la photographie de « *bravadiers* », nous rappellent des traits d'une miraculeuse protection dont nous avons été les témoins oculaires. On remarque surtout une grande plaque de marbre sur laquelle est gravée cette inscription :

Hommage de reconnaissance
à saint François de Paule pour sa protection
pendant le choléra de 1884.
Les Habitants de Fréjus
ne l'ont jamais invoqué en vain.

C'est un souvenir du Vœu que la population fréjusienne entière fit en 1884 et grâce auquel la Ville n'eut plus à craindre les menaces du choléra, fléau non moins redoutable que la peste des jours anciens.

Ces monuments de la reconnaissance populaire sont une prédication constante. L'intelligence la moins exercée comprend cette preuve si simple du miracle sur laquelle s'étaie tout l'édifice de l'enseignement religieux et le code de nos obligations chrétiennes.

Ils sont aussi et surtout un reproche à notre ingratitude ou à notre légèreté. Lorsque le Seigneur appe-

santit sa main pour nous rappeler qu'il est notre Dieu, nous nous humilions espérant fléchir son courroux ; alors nous ne craignons pas de montrer au grand jour les sentiments chrétiens que planta solidement dans notre âme la foi de nos pères, — et le Tout-Puissant nous exauce. Mais, vienne encore le temps de la prospérité, nous oublions Dieu, les Saints et le soin de notre âme.

Puisse le souvenir des vertus et des bienfaits du saint Patron de notre cité, en nous disant quelle doit être notre reconnaissance, nous rappeler efficacement quels sont nos devoirs à une époque si tristement envahie par les doctrines d'un sensualisme tout païen et au milieu d'une société étouffée sous l'étreinte d'une désespérante indifférence.

Trop heureux, si la publication de cette « Vie populaire » du vénéré Patron de Fréjus pouvait contribuer à amener ce résultat. Nous le demandons à Notre-Dame de Pitié et à notre glorieux saint François de Paule !

APPENDICE

CHAPITRE I

Dévotions, prières et chants en l'honneur de
S. François de Paule

I. Cordon de Saint François

Le Cordon de Saint François, qui est proprement
l'insigne du Tertiaire Minime, peut être porté par
tout le monde, dans le but d'honorer l'illustre Saint
et de mériter sa protection. D'illustres personnages
ont porté le cordon de bure de saint François de
Paule : citons la reine Ste Jeanne de Valois, Charles
VIII, Anne de Bretagne, François Ier, Marie Henriette
de France, le vénérable P. Ivan, M. Olier ; saint François de Sales se faisait un plaisir de le montrer aux
religieux qu'il rencontrait.

De nos jours, le Cordon de Saint François est encore en grand honneur à Tours et parmi les populations environnantes ; presque tous les fidèles de Paule se font une gloire de porter les livrées de leur saint compatriote.

II. Cierges bénits

Lorsque, par humilité, il refusa le sacerdoce que voulait lui conférer Sixte IV, François de Paule accepta cependant du Pape le privilège exceptionnel de bénir tous les objets de dévotion qu'on lui présenterait.

Le Saint usa largement de cette faveur. Ces divers objets de piété recevaient de sa bénédiction une vertu surnaturelle toute spéciale et devenaient souvent des instruments de miracle.

Il aimait surtout à donner, à ceux qui venaient implorer le secours de ses prières, des *chandelles bénites*. Nous avons vu que, à Bormes, les marins de la galère royale reçurent chacun un cierge avant de retourner en Italie. A Tours, quatre marchands déclarèrent, au procès de canonisation, que, dans l'espace de dix-huit ans, ils en avaient vendu aux Minimes pour leur saint Patriarche pour la somme de 400 livres (près de quinze mille francs de la monnaie actuelle). Les Religieux en distribuaient aussi au peuple dans leurs courses apostoliques.

Ces cierges, allumés, opéraient des guérisons, préservaient des accidents et éloignaient les dangers les plus imminents.

Voici quelques prodiges pris au hasard dans les documents du procès de canonisation de Tours.

1°. Pendant une tempête dans la dangereuse mer de Sicile, Jean Bostayne, pilote du vaisseau marseillais *« La Madeleine »* jeta à la mer un cierge qu'il tenait du Fr. François de Paule et le vent se calma à l'instant.

2°. Une chandelle bénite appuyée sur le front de Charles de Vio délivra immédiatement ce gentilhomme d'une *fièvre furieuse*.

3°. Jean Gandin, dans une île de la Loire, voyait sa maison au milieu d'un cyclone...; il alluma un cierge de Saint François de Paule et sur le champ l'ouragan cessa.

4°. La femme d'un marchand, nommé Messénage Jean, n'avait pu trouver aucun soulagement à de violentes douleurs d'entrailles. Le Saint supplié de s'intéresser à son sort, lui fit remettre un chapelet et une chandelle bénite : Dites-lui de ma part, ajouta-t-il, qu'elle fasse brûler cette chandelle et que pendant ce temps elle récite son chapelet. La malade ayant suivi ce conseil se trouva guérie subitement.

Les fidèles avaient les cierges bénits par Saint François en si grande estime qu'on en conserva quelques morceaux dans le Trésor des reliques du Saint où on pouvait les voir encore en 1808, dans l'église N.-D. la Riche, à Tours. Jusqu'à l'époque de la Révolution, les pèlerins ne retournaient jamais du tombeau du

Bienheureux, au Plessis, sans rapporter chez eux quelques bougies de cire bénites en ce lieu.

De nos jours encore, à Bormes, le 4 mai, fête patronale de Saint François, les pêcheurs du Lavandou, même les moins religieux, n'omettraient pas d'aller demander au pasteur de la paroisse « leur cierge bénit de Saint François ».

Nous pouvons affirmer, avec les anciens biographes du Saint, que Dieu récompense souvent cet acte de piété par d'insignes faveurs.

Elle est donc louable et salutaire la pensée des personnes qui font brûler des cierges devant les reliques de Saint François de Paule.

Puissent-elles ne jamais oublier que ces cierges, en se consumant pour le Seigneur, doivent être la marque du feu de l'amour divin qui doit embraser nos cœurs.

III. — Dévotion des Treize Vendredis.

La pratique de la dévotion des treize vendredis fut établie par saint François de Paule.

« Par treize vendredis suivants, disait-il aux personnes qui avaient recours à lui, *confessez vos péchés et recevez le très-saint Sacrement de l'autel à la messe que vous entendrez, pour obtenir la grâce que vous désirez. Pendant cette messe, vous réciterez treize fois le* Pater *et l'*Ave Maria, *avec le* Credo, *à l'honneur et révérence de Jésus-Christ et de ses douze apôtres ; et*

d'autant que l'oraison est bonne, accompagnée du jeûne et de l'aumône, vous ne les omettrez point, et ainsi notre Seigneur vous accordera tous vos justes désirs. »

Dieu s'est plu presque toujours à favoriser cette dévotion en y attachant des grâces de toutes sortes. Les *Chroniques de l'Ordre des Minimes* renferment la relation de plusieurs miracles regardés comme le résultat de ce pieux exercice que les Souverains Pontifes ont enrichi de précieuses indulgences.

Pendant 13 vendredis consécutifs :

PRATIQUES

Se confesser, et communier à la Sainte Messe.
Jeûner ou se mortifier selon l'état de sa santé.
Faire une aumône.

PRIÈRES

Réciter 13 Pater, 13 Ave, 1 Credo, pendant la Sainte Messe.

Ajouter, si l'on veut, l'une des prières suivantes, qui rappellent les principaux épisodes de la vie du Saint.

PREMIER VENDREDI

PRIÈRE. — Soyez mille fois béni, ô mon Dieu ! vous qui en donnant saint François de Paule au monde, avez donné des présages assurés de votre prédilection sur lui, en le faisant naître de parents stériles, en éclairant les toits de sa maison de feux célestes, en lui inspirant dès sa plus tendre enfance, un amour tendre pour Jésus et pour Marie. Donnez-moi, par son intercession, une heureuse fécondité d'esprit et de cœur, pour produire des désirs enflammés et de saintes pensées ; faites luire, dans mon intérieur, les rayons de votre grâce, afin que mon âme ne vive plus que de l'amour de Notre Seigneur Jésus-Christ et de Marie sa sainte Mère. Ainsi soit-il.

Treize Pater, *treize* Ave Maria *et le* Credo.

SECOND VENDREDI

PRIÈRE. — Vous avez, ô mon Dieu ! conduit saint François de Paule dans la solitude dès l'âge de treize ans : c'est là que vous lui avez parlé au cœur, en l'instruisant des sublimes maximes de l'Evangile, et en lui inspirant à l'âge de dix-neuf ans le dessein d'établir un Ordre religieux dans votre sainte Eglise. Faites, Seigneur, qu'à son exemple, je sois entièrement persuadé que le silence et la solitude sont les voies les plus assurées pour vous connaître, pour vous aimer, et pour coopérer à vos desseins, afin que mon cœur, éloigné du commerce des créatures, attende de vous seul, dans un parfait recueillement, sa force et son espoir. Ainsi soit-il.

Treize Pater, *treize* Ave Maria *et le* Credo.

TROISIÈME VENDREDI

PRIÈRE. — Seigneur, qui avez accordé à votre serviteur François de Paule la grâce d’entrer dans des fournaises ardentes sans en recevoir aucune lésion, de faire sortir des sources d’eau vive du sein aride des rochers, d’éclairer les aveugles, de redresser les boiteux, de ressusciter les morts ; éteignez en moi par ses mérites et sa médiation, le feu de la concupiscence, et allumez-y celui de votre saint amour : faites que je marche d’un pas ferme dans la voie de vos commandements, et qu’un aveuglement volontaire ou une maligne ignorance de mes devoirs ne me ferme plus les yeux aux lumières de votre Évangile, mais que la force toute-puissante de votre grâce les tienne constamment fixés sur les vérités admirables de votre sainte loi. Ainsi soit-il.

Treize Pater, *treize* Ave Maria *et le* Credo.

QUATRIÈME VENDREDI

Prière. — Que vous êtes, ô mon Dieu ! admirable dans vos Saints, en les couronnant d’honneur et de gloire ! Nous ne saurions trop proclamer la magnificence de vos dons en faveur du grand saint François de Paule, qui fut si souvent réjoui sur la terre des concerts harmonieux des Esprits célestes ; qui vit un Chérubin resplendissant de lumière lui offrir, pour sa devise et pour blason de son Ordre, ces caractères rayonnant d’or et d’azur : *Charitas* ; qui parut si souvent lui-même entouré d’un éclat surnaturel. Accordez-moi, Seigneur, le dégagement des choses de la terre ; gravez dans mon cœur le sceau de votre saint amour, et que je sois sans cesse décoré des beautés lumineuses de la vertu. Ainsi soit-il.

Treize Pater, *treize* Ave Maria *et le* Credo.

CINQUIÈME VENDREDI

Prière. — Qu'il est touchant, ô mon Dieu ! le spectacle qu'offrait au monde étonné la vie austère de votre serviteur saint François de Paule. Le pain seul et l'eau pure ont été sa nourriture et sa boisson ; la terre nue ou une natte, et enfin dans ses vieux jours, un tas de sarments ont été son lit. Après avoir rudement châtié son corps, pendant la nuit, par des veilles et des macérations, il s'occupait pendant le jour aux emplois les plus humiliants de ses monastères. Hélas ! Seigneur, jusques à quand aurai-je un cœur rempli d'orgueil et de l'amour de moi-même ? Daignez, par l'intercession de ce saint pénitent, m'accorder le désir sincère des humiliations et des croix, si bien fait pour me rapprocher de vos miséricordes et de votre amour. Ainsi soit-il.

Treize Pater, *treize* Ave Maria *et le* Credo.

SIXIÈME VENDREDI

Prière. — Soyez à jamais glorifié, ô mon Dieu ! du don de prophétie que vous avez donné à votre serviteur saint François de Paule, qui s'en est servi pour le bien de l'Eglise, et la propagation de son Ordre !

Quant à moi, Seigneur, à qui cette faveur n'est pas nécessaire pour faire mon salut, je vous demande, par son intercession, la grâce de me connaître moi-même, afin qu'étant pénétré d'une salutaire crainte, à la vue de mes péchés, j'en considère les funestes suites, pour les effacer par mes pleurs. Ainsi soit-il.

Treize Pater, *treize* Ave Maria *et le* Credo.

SEPTIÈME VENDREDI

Prière. — Qu'il est heureux, ô mon Dieu ! l'homme que vous avez voulu vous-même enseigner, et à qui vous avez découvert les secrets de votre loi ! C'est à cette sublime école que Saint François de Paule a pénétré si avant dans les mystères les plus profonds de notre Religion, qu'il en a développé l'économie admirable aux Docteurs les plus éclairés de l'Italie et de la France. O Seigneur, mon Dieu ! qui l'avez instruit dès sa plus tendre jeunesse, apprenez-moi la science de vos voies, et donnez-moi le courage de ne faire en tout que votre sainte volonté. Ainsi soit-il.

Treize Pater, *treize* Ave Maria *et le* Credo.

HUITIÈME VENDREDI

Prière. — Vous avez dit, ô mon Dieu ! dans votre saint Evangile, que celui qui croirait en vous opèrerait les mêmes merveilles que vous avez vous-même opérées, et qu'il en ferait même de plus grandes.

Oracle si glorieusement vérifié dans votre serviteur Saint François de Paule, auquel le feu, les vents et la mer ont obéi avec tant de promptitude, qui a exercé, durant tout le cours de sa vie, un empire absolu sur le démon et sur la mort. Faites, Seigneur, que, par l'intercession de ce grand thaumaturge, je sois à couvert des flammes criminelles des passions ; que j'évite d'être entraîné par le tourbillon du siècle, et qu'au milieu de la mer orageuse du monde, je conserve la vie de la grâce, en résistant avec fermeté aux malignes suggestions du démon. Ainsi soit-il.

Treize Pater, *treize* Ave Maria *et le* Credo.

NEUVIÈME VENDREDI

Prière. — Adorable Sauveur, qui en nous ordonnant d'aimer nos ennemis, nous en avez donné sur la croix un si puissant exemple ; qui avez eu un si parfait imitateur de cette héroïque générosité en la personne de Saint François de Paule : faites qu'en le voyant recevoir avec amour les soldats que Ferdinand son prince avait envoyés pour le saisir ignominieusement, en le voyant traiter avec la plus sincère cordialité un prédicateur qui, par un zèle mal réglé, avait décrié sa conduite ; je reprenne cet esprit bon, ce cœur charitable, qui me porte à aimer tendrement ceux qui me haïssent, et à prier constamment pour mes persécuteurs les plus obstinés. Ainsi soit-il.

Treize Pater, *treize* Ave Maria *et le* Credo.

DIXIÈME VENDREDI

Prière. — Renouvelez, Seigneur, les anciennes merveilles que vous avez opérées par le moyen de votre serviteur saint François de Paule. Il trouva, en abordant en France, les villes de Bormes et de Fréjus cruellement ravagées par la peste, et il les en délivra. Hélas ! le crime a fait en mon cœur un plus triste ravage que la peste n'avait fait dans ces villes désolées. Détruisez donc, ô mon Dieu ! ce corps de péché, que je ne sois plus captif sous ses maudites lois ; mais que, dégagé au plus tôt de sa honteuse servitude, je respire de jour en jour l'aimable liberté de vos enfants. Ainsi soit-il.

Treize Pater, *treize* Ave Maria *et le* Credo.

ONZIÈME VENDREDI

Prière. — O Dieu ! par la providence de qui Saint François de Paule est venu en France pour annoncer au roi Louis XI qu'il mourrait, et pour le disposer à paraître devant le trône redoutable de votre justice, accordez-moi, par les mérites de ce grand Saint, une semblable grâce, afin que, me disposant, dès à présent, à paraître devant vous, je songe sérieusement à ma dernière heure et aux années éternelles qui doivent la suivre, et que je ne viole plus les ordonnances de votre sainte loi. Ainsi soit-il.

Treize Pater, *treize* Ave Maria *et le* Credo.

DOUZIEME VENDREDI

Prière. — Béni soyez à jamais, adorable Sauveur, qui, après avoir rendu saint François de Paule une si fidèle copie de vos vertus et de vos souffrances, avez voulu encore qu'il partageât le glorieux privilège de mourir le même jour où vous avez vous-même rendu l'esprit sur la Croix ! Nous vous adressons la même prière qui fut le dernier soupir de ce Saint toujours charitable. *O bon Jésus, bon Pasteur, conservez les justes, justifiez les pécheurs, faites miséricorde à tous les fidèles vivants et trépassés, et soyez-moi propice, quoique je ne sois qu'un misérable pécheur.* Ainsi soit-il.

Treize Pater, *treize* Ave Maria *et le* Credo.

TREIZIÈME VENDREDI

Prière. — Que vous êtes admirable dans vos Saints, ô mon Dieu ! Non content d'avoir glorifié votre saint François de Paule pendant sa vie, vous voulûtes encore faire triompher ses dépouilles mortelles des excès de l'aveuglement et de la fureur. O miracle d'une providence signalée ! le corps de ce grand Saint paraît n'avoir été conservé sans corruption pendant cinquante ans, que pour être, après ce terme, arraché par les hérétiques des horreurs du tombeau, placé sur une image sacrée de la croix, brûlé et consumé sur le sacré bûcher, après lequel il n'avait cessé de soupirer pendant sa vie. Adorable Sauveur, faites que, à l'imitation de votre glorieux Serviteur, je sois chaque jour une victime intérieurement et extérieurement consumée par le feu de votre saint amour. Ainsi soit-il.

Treize Pater, *treize* Ave Maria *et le* Credo.

ORAISON

(Pour demander à Dieu, par l'intercession de Saint François de Paule, toutes sortes de grâces spirituelles et temporelles.)

Seigneur, qui n'avez jamais refusé aucune des grâces qui vous ont été demandées par les mérites de votre favori le bienheureux saint François de Paule, recevez, s'il vous plaît, l'humble prière que mon cœur affligé vous présente pour être secouru dans le besoin qui me presse. Source inépuisable de bonté, accordez-moi surtout la grâce de vous aimer comme ce grand Saint vous a aimé, afin que je puisse comme lui vous glorifier et vous posséder éternellement. Ainsi soit-il.

LITANIES

DE SAINT FRANÇOIS

PATRON DE FRÉJUS

Kyrie, eleison.	Seigneur, ayez pitié de nous.
Christe, eleison.	Jésus-Christ, ayez pitié de nous.
Kyrie, eleison.	Seigneur, ayez pitié de nous.
Christe, audi nos.	Jésus-Christ, écoutez nous.

N. B. — Litanies composées par le R. P. Raymond, Gardien du Couvent de Fréjus, en 1722. — (v. p. 69.)

Christe, exaudi nos.

Jésus-Christ, exaucez-nous.

Pater de cœlis Deus, miserere nobis.

Père céleste, qui êtes Dieu, faites-nous miséricorde.

Fili Redemptor mundi Deus, miserere nobis.

Fils Rédempteur du monde, qui êtes Dieu, faites-nous miséricorde.

Spiritus Sancte Deus, miserere nobis.

Esprit saint, qui êtes Dieu, faites-nous miséricorde.

Sancta Trinitas unus Deus, miserere nobis.

Trinité sainte, qui êtes un seul Dieu, faites-nous miséricorde.

Sancta Maria, ora pro nobis.

Sainte Marie, priez pour nous.

Sancte Francisce de Paula, ora pro nobis.

Glorieux S. François de Paule, priez pour nous.

Patriarcha Ordinis Minimorum,

Patriarche de l'Ordre des Minimes,

Hujusce civitatis Forojuliensis Patrone,

Patron de cette ville et cité de Fréjus,

Imitator Christi,

Imitateur de Jésus-Christ,

Prodigium charitatis,

Prodige de charité,

Amator crucis,

Amant de la croix du Sauveur,

Norma obedientiæ,

Modèle d'obéissance,

Sectator paupertatis,

Sectateur de la pauvreté évangélique,

Homo cordis,

Homme de cœur,

In tribulatione patiens,

Patient dans la tribulation,

Charitate fraternitatis diligens homines,

Aimant tous les hommes d'un amour fraternel,

Odiens malum,

Détestant souverainement le mal,

Adhærens bono,

Fermement attaché au bien,

Spiritu fervens,

Fervent et spirituel,

Domino serviens,

Zélé serviteur de Dieu,

Orationi instans,

Persévérant dans la prière.

Necessitatibus sanctorum communicans,

Charitable envers vos frères,

Miraculorum operator,

Opérant de nombreux et d'éclatants miracles,

Spiritu Sancto plene,

Rempli du Saint-Esprit,

Qui semper digne evangelio Christi conversatus fuisti,

Qui toujours avez conformé votre vie à l'évangile de Jésus-Christ,

Qui desiderium habuisti dissolvi et esse cum Christo,

Qui avez eu un ardent désir d'être dégagé des liens du corps et d'aller à J.-C.,

Cujus conversatio in cœlis semper fuit,

Qui avez toujours vécu d'esprit et d'affection dans le ciel,

Qui bonum certamen certasti,

Qui avez livré le saint combat,

Qui cursum consummasti,

Qui fidem servasti,

Cui reposita est corona justitiæ,

Qui in tribulatione es refugium nostrum,

Per quem bonis omnibus repleti sumus,

Qui semper a Domino exauditus fuisti,

Cujus precibus a peste liberati sumus,

Sancte FRANCISCE DE PAULA,

Agnus Dei qui tollis peccata mundi, parce nobis, Domine.

Agnus Dei qui tollis peccata mundi, exaudi nos Domine,

Agnus Dei qui tollis peccata mundi, miserere nobis.

Qui avez achevé courageusement votre course,

Qui avez été constant dans la foi,

A qui a été réservée la couronne de justice,

Qui êtes notre refuge dans les afflictions,

Par qui nous avons été comblés de toutes sortes de biens,

Qui avez toujours été exaucé du Seigneur,

Par les prières de qui nous avons été délivrés de la peste,

Glorieux S. FRANÇOIS DE PAULE,

Agneau de Dieu qui effacez les péchés du monde, pardonnez-nous, Seigneur.

Agneau de Dieu qui effacez les péchés du monde, exaucez-nous, Seigneur.

Agneau de Dieu qui effacez les péchés du monde, faites-nous miséricorde, Seigneur.

| ANTIPHONA | ANTIENNE |

O charitatis prodigium ! ô Christi vere imitator ! Sancte FRANCISCE DE PAULA, Ordinis Minimorum decus et pater, hujusce Civitatis Forojuliensis Protector et Pater, adjuva tuis precibus hanc plebem tibi devotam, in cœlesti gloria semper vive ad interpellandum pro eâ, et sta coram summo Judice, ut suâ gratiâ avertat pestem et alia mala quæ peccatis suis illa meruit, et ut mentis et corporis perpetuâ sanitate gaudens, quietam et tranquillam vitam agat in omni pietate et castitate, et soli JESU CHRISTO, qui est Rex Regum et Dominus Dominantium, solus habens immortalitatem et lucem habitans inaccessibilem, piè, humiliter et semper famulari valeat.

O prodige de charité ! ô véritable imitateur de JÉSUS-CHRIST ! St FRANÇOIS DE PAULE, l'ornement et le Père de l'Ordre des Minimes, Patron et Protecteur de cette Ville et Cité de Fréjus, secourez par vos prières ce peuple qui vous est dévoué ; ne cessez pas dans la gloire du ciel d'intercéder pour lui ; présentez-vous devant le souverain Juge, afin qu'il daigne par sa grâce éloigner de ce peuple la peste et les autres maux que ses péchés lui ont mérités ; obtenez-lui enfin que jouissant d'une continuelle santé de l'âme et du corps, il mène une vie paisible et tranquille dans l'accomplissement de tous les devoirs de piété, et que, plein d'humilité et de dévotion, il ne serve jamais que JÉSUS-CHRIST, qui est le Roi des Rois et le Seigneur des Seigneurs, seul immortel, habitant une lumière inaccessible.

℣. Recordare, Sancte Francisce de Paula, stare in conspectu Domini.

℟. Ut loquaris ei pro nobis bona, et avertas indignationem ejus a nobis.

OREMUS

Subveniat nobis, quæsumus, omnipotens et misericors Deus, apud tuam clementiam Sancti Francisci de Paula, Confessoris tui, pia et jugis deprecatio ; et præsta ut a mortiferâ peste animæ et corporis ejus intercessione liberemur. Per Christum Dominum nostrum.

℟. Amen.

℣. Ressouvenez-vous, saint François de Paule, de vous présenter devant le Seigneur.

℟. Pour lui parler en notre faveur, et éloigner son indignation de nous.

PRIONS

O Seigneur tout-puissant et tout miséricordieux ! faites que la prière humble et continuelle du glorieux saint François de Paule, votre Confesseur, nous soit favorable auprès de votre bonté ; et accordez-nous que par son intercession, nous soyons délivrés de la mortelle peste de l'âme et du corps. Par Jésus-Christ Notre Seigneur.

℟. Ainsi soit-il.

CANTIQUE

FRÉJUS DÉLIVRÉ DE LA PESTE

PAR LES PRIÈRES DE SAINT FRANÇOIS DE PAULE

Air: *Sainte Cité*

1. — Chantons en chœur et le nom et la gloire
D'un Saint bien cher au peuple de Fréjus ;
Avec transport exaltons sa mémoire :
Dieu le couronne au séjour des Elus.
 François de Paule !
 Saint Protecteur !
 Ton nom console
 Et ranime mon cœur.   *(bis).*

2. — Son nom chéri rayonne dans l'histoire :
Fréjus en garde un souvenir pieux ;
Et, d'âge en âge, on redit à sa gloire
Le bien qu'il fit en visitant ces lieux.

François de Paule !
Ton souvenir
Charme et console :
Viens encor nous bénir.   *(bis)*.

3. — François mandé par Louis, roi de France,
Obéissant au Pontife romain,
S'acheminait vers un lieu de souffrance,
Faisant le bien, partout sur son chemin.
François de Paule !
Saint voyageur !
Ton auréole
Nous annonce un Sauveur.   *(bis)*.

4. — Fréjus en deuil pleurait sur une tombe,
Le front voilé d'un crèpe de douleur....
Ses fils sont morts, dans ses murs tout succombe.
La peste, hélas ! a détruit son bonheur.
François de Paule !
A son secours,
Que ton cœur vole !
Ah ! rends-lui ses beaux jours ! *(bis)*.

5. — Vers l'horizon ses yeux mouillés de larmes
Ont entrevu, sur mer, loin des vaisseaux,
Un pèlerin, rayonnant, plein de charmes,
Venant, à pied, en marchant sur les eaux.
François de Paule !
A son secours,
Viens, cours et vole
Avant d'aller à Tours.   *(bis)*.

6. — Le Saint, guidé par un instinct céleste,
Arrive et voit Fréjus sans habitants,
On lui raconte, en pleurant, que la peste
A fait périr presque tous ses enfants.
François de Paule !
Saint voyageur !
Oui, ta parole
Lui rendra le bonheur. *(bis)*.

7. — François, touché d'une telle misère,
— Fréjus, hélas ! n'était plus qu'un tombeau ! —
A deux genoux, fait à Dieu sa prière,
Pour conjurer le terrible fléau :
Miséricorde ! ! !
Pardon, Jésus ! !
Ton cœur l'accorde :
Plus de peste à Fréjus ! *(bis)*.

8. — La peste a fui ; Dieu calme sa colère,
Les habitants rentrent dans leur cité :
Fréjus renaît, refleurit et prospère ;
On y respire un air plein de santé.
François de Paule !
Saint Bienfaiteur !
Ton nom console !
A toi gloire et honneur ! *(bis)*.

9. — Dans un élan de sa reconnaissance,
Fréjus bâtit ce pieux monument,
Et consacra de François la présence,
En lui fondant un superbe couvent.

François de Paule !
Puisse Fréjus,
A ton école,
Etre un peuple d'élus !   *(bis)*.

10. — Le temps avait détruit ce bel ouvrage,
On regrettait de le voir sans éclat.
S'il brille encore, Fréjus en rend hommage
A son illustre et bien-aimé Prélat.
François de Paule !
En ce saint jour
Bénis l'obole
Que t'offrit notre amour.   *(bis)*.

11. — Fréjus enfin a restauré ce temple
Et rajeuni l'œuvre de nos anciens.
Oh ! qu'il est beau ! que chacun le contemple !
Il fait encore honneur aux Fréjusiens.
Beau sanctuaire
De Saint François !
Qu'on l'y vénère
Aussi bien qu'autrefois !   *(bis)*.

12. — La Vierge Mère, en ce saint édifice,
Reçut, jadis, un culte solennel.
Gloire à son cœur! Joseph, sois-nous propice !
Nous lui vouons un amour éternel.
Vierge Marie !
Reine des Cieux !
François vous prie,
Sur nous jetez les yeux.   *(bis)*

13. —François d'Assise et vous, Louis de Brignoles,
   Que notre amour contemple dans ce chœur,
   Conduisez-nous loin des plaisirs frivoles,
   Dans le bercail de Jésus, Bon Pasteur !
        Pleine indulgence,
        En ce saint lieu,
        Rend l'innocence,
        Nous fait amis de Dieu.   *(bis).*

14. — Dans les splendeurs de la sainte patrie,
   Grand saint François, souviens-toi de Fréjus !
   Prête l'oreille à la voix qui te prie.
   Et donne-nous d'imiter tes vertus !
        François de Paule !
        Que notre cœur,
        Par toi s'envole
        Au céleste bonheur.   *(bis),*

15. — Dans les transports d'une sainte allégresse,
   Redisons tous, du fond de notre cœur,
   Un chant d'amour : qu'on répète sans cesse,
   Honneur et gloire à notre bienfaiteur.
        François de Paule !
        Sois nos amours !
        Ton nom console,
        Nous t'aimerons toujours.   *(bis).*

AUTRE CANTIQUE

A SAINT FRANÇOIS

Refrain

Lève-toi, Peuple de Fréjus !
François t'appelle à la victoire.
Bénis son nom, chante sa gloire, } bis
Honore-le par tes vertus.

Vers nous les anges l'ont porté,
Doux messager de la clémence.
Sur son front brille l'espérance
Et dans ses yeux la charité.

Sa voix commande à la douleur,
Elle bénit, elle console ;
Et les larmes, à sa parole,
Deviennent larmes de bonheur.

Il est le maître du trépas :
La mort frémit en sa présence.
Avec lui revient l'espérance,
La peste fuit devant ses pas.

A tous il fait aimer la croix ;
Et, l'élevant sur nos misères,
Il la porte dans les chaumières
Et sur le trône de nos rois.

Il prêche à tous l'humilité.
Que devant Dieu tout front s'incline :
Devant la majesté divine
Il n'est point d'autre majesté.

Les siècles passent, le temps fuit ;
Mais, à Fréjus, François demeure,
Et de son soleil, à toute heure,
Il nous recherche, il nous poursuit.

François, que des jours plus heureux
Brillent sur nous par tes prières !
Que les fils, semblables aux pères,
Un jour t'acclament dans les cieux !

Grand Saint, que ton bras protecteur
Soutienne encore notre France ;
Garde-lui la foi, la vaillance,
Pour qu'elle garde son honneur.

R.P. Lantoin. O. M. I.

CHANT HISTORIQUE POPULAIRE

(OU COMPLAINTE)

en l'honnuer de Saint François de Paule

COMPOSÉ EN 1784

I

Célébrons la mémoire
Du pieux saint François,
Et publions la gloire
De tous ses beaux ex-
            ploits.
Il quitte sa patrie,
Et vient nous soulager
Au péril de la vie
Et des plus grands dan-
            gers. *(bis.)*

2

Pleins de reconnaissance,
On voit les Fréjusiens
Brûlants d'impatience
D'honorer ce grand Saint.
Tous donnent à connaître
Leur grande activité
De faire cette fête
Avec solennité.

3

D'un Prélat (1) doux et
            sage
Imitons les vertus,
Et rendons-lui l'hom-
            mage,
Qui, certes, lui est dû.
Que Dieu nous le conserve
Et prolonge ses jours,
Qu'enfin il le préserve
Du malheur pour toujours.

4

Du Prévôt (2) du Chapitre
Nous tenons un présent
Où les saintes reliques
Reposent en dedans.
Un Chanoine, (3) digne
            homme,
Il nous les procura,
Et les obtint de Rome.
Ah! ne n'oublions pas.

(1) Mgr. de Beausset.
(2) N. Cavalier, Prévôt.
(3) M. Coste, chanoine.

5

Diverses compagnies
Dans Fréjus on forma ;
Dragons, Infanterie,
Avec plusieurs Hussards.
Ils marchent tous ensem-
ble ;
Le tout se fait si bien,
Qu'ils font par leur pré-
sence
Renaître les Anciens.

6

Compagnie parfaite
De messieurs les Hussards,
Vous brillez à la tête
Avec votre étendard.
Les manteaux admira-
bles
Dont vous êtes parés,
Vous rendent remarqua-
bles
Jusques des étrangers.

7

Après, vient la jeunesse
De messieurs les Dragons ;
Tressaillant d'allégresse,
Mis de belle façon.
Avec votre uniforme,
Que vous êtes charmants !
Faisant le tout ensemble
Un très bel ornement.

8

Que vous êtes aimable !
Beau corps de Grena-
diers ;
Sous ce bel équipage,
Vous eûtes des lauriers.
Accompagnant le buste
A la procession,
Vous faites de la troupe
Toute l'admiration.

9

Et vous, Piétons fidèles,
On n'a qu'à vous louer,
Ayez toujours le zèle
Qu'on vous a vu montrer ;
Soyez toujours paisibles ;
Honorez ce grand Saint,
Afin que Dieu bénisse
Les travaux de vos mains.

10

Un capitaine (1) habile
A su représenter
Lorsque dans notre ville
Ce Saint vint à passer.
Il arrache des larmes
A tous les habitants ;
Les hommes et les fem-
mes
Le voient représentant.

(1) M. Demore, dit : la jambe de bois.

11

Un bel arc de triomphe
Dans la rue on dressa,
Où la verdure annonce
Que le Saint reposa.
Là, le corps de musique
Aussi se distingua
Par le chant d'un cantique
Qui bien s'exécuta.

12

Protecteur de la fête,
Devenez immortel ;
Chacun de nous s'ap-
          prête

Au vœu le plus formel
D'un magistrat habile (1)
Nous avons l'agrément,
Que toujours notre ville
Chérira constamment.

13

Vous, Fréjusiens fidèles
Joignez-vous tous à moi.
Ayons le même zèle
Pour notre saint François.
Qu'à jamais sa mémoire
Réside dans nos cœurs ;
Que son nom et sa gloire
Soient toujours en hon-
                    neur.

N. B. — *Nous croyons faire œuvre de bon Fréju-sien en réimprimant, pour la sauver de l'oubli, cette naïve complainte, relique des temps passés, dont résonnent encore les échos de la chapelle de Saint François et de notre vieille cathédrale, et que nous regrettons vivement de ne plus entendre aujourd'hui.*

(1) M. de Castillon, alors Procureur général, qui autorisa la Bravade.

CHAPITRE II

LA SANT FRANCÉS, a FREJUS

Pouèmo istouri

Li a'n pau mai de quatre cènt an,
Un mouine pietadous e sant,
Acoumpagna de soun servant,
Devèrs un Rèi famous, au Plessis, s'enanavo.
Mai, dou tèms que, plan-plan, soun batéu coustejavo,
Vèn un coup de Labé — es Diéu que lou mandavo :
E boufo que boufaras.
En un vira d'uei, lou barcas
Ero manda sus lou sablas.
Dre que lou pèd dou sant agué touca la plage,
Lou souléu revengué poutouna lou rivage ;
E vaqui qu'eilalin, coumo dins un mirage,
Frejus, noste Frejus risié
Souto lou rai d'or que fasié
Belugueja soun béu clouchié.
Vite gagnoun l'abri. — Mai, pauro vilo morto !
Leis oustau soun barra ; degun se ves pèr orto.
Trovoun qu'uno fieloue sus lou pas de sa porto.
— « *Fremo, nous sèmblo pas verai !*
Sias souleto ? Coumo aco vai ?
Es-ti la guerro, es-ti l'esfrai ?
Lou pople de Frejus es mort ? o bèn s'estremo ? »
— « *Paire*, respoundegué la pauro vièio fremo
Que leissavo toumba sus soun fus de lagremo,

V'an pas di que lou marrit mau
Sus nautre es toumba d'amoudaut ?
Qu n'es pas mort n'es bèn malaut....
A quélei qu'an pouscu an fugi de tout caire... »
Lou frai, espouventa, léu-léu fagué : — « *Moun Paire,*
M'es avis qu'eicilin avèn pas foueço à faire... »
Lou Sant li reprocho, amistous :
« *Sarié pecat d'èstre pourous !*
Se meten puléu à ginous :
Segnour, Diéu de bounta, de pas e de councordi,
Es pèr de malurous qu'en plourant vous abordi. ..
Au pople de Frejus, Segnour, Misericordi ! »
Amount s'espandis lou souléu...;
Mai, *Carita*, toun pur flambén
Sus soun front lusisse plus béu !
« *Fraire*, reprend lou Sant, *barrulo lei campano.*
Ei gènt assempaia dins lei couelo e lei plano
Li diran que toujour la vilo sara sano,
Que se recampoun eis oustau....
Frejus veira plus aquéu mau. »
Ansin digué, e fugué tau.

. . . .

. . . .

Es pèr aco que, dins sa trefoulié pietouso,
La vilo de Frejus, la vilo glouriouso,
Es jamai tant galoio, es jamai tant urouso
Que quand fèsto emé tout soun cor
La *Sant-Francés*.... Quente estranbord !
Li Frejuren soun panca mort !...
Que vèngue lou grand jour, e cadun se reviho :

Lou brut dou tambourin vounvouno à moun auriho,
E dei gai chivau-frus lou vou s'escarabiho.

    Lei chivau-frus ! poulit drouloun
    Empacha de sei chivaloun,
    Pamens viéu coumo d'auceloun,
Van, vènoun de tout biai, sautihoun en cadènci,
E puei, de dous en dous, se fan la reverènci....
— Boudiéu ! mai qu's aquéu, long coumo Penitènci,
    Que sa cano fa milo tour ?
    Magnifique dins seis atour,
    Es lou majourau dei tambour !
— E lei flame sapur !... Sei destrau fan d'uiado....
E de faudieu pu blanc, de barbo miès pourtado,
Se n'en veira jamai dins pas ges de countrado.
    — Bono Maire ! que chamatan !
    Espragnoun pas li ra-ta-plan,
    Lei tambour ;... an pas frei ei man !....
— Chutès.... Vaqui quaucun qu'en toutei nous agrado ;
Fihou dou grand Patroun, marcho davans l'armado,
E, fièr coumo Artaban, coumando la Bravado.
    « *En joue..... feu !* » Ussar e marin,
    Turco, zouavo, tout lou trin,
    Fan parla la poudre en camin......
E puei, vèn lou batéu, lou simboli que porto
Sa cargo d'enfantoun. Lei vièi li fan l'escorto,
E de lou mai segui aco lei recounforto.
    Sus lei coustat, marchoun de rang
    Lei clar emé lei capelan
    Que van d'aise, tout en cantant....
Enfin, vaqui *lou Sant*, resplendissènt de glori !

Un pople l'acoumpagno e benis sa memori...
Mai, se quauque marrias renègo soun istori,
    Sant Francés li fai, sourisènt :
      « S'aviés de sang de Frejuren,
      « D'aquéu sang latin e valènt
« Que fa leis ome fort en raiant dins seis veno,
« Gardaries, viéuto au cor, dins ta joio o tei peno,
« La fe dei tèms passa que fa l'amo sereno ».

Claro Dufour

(Fréjus, 1899.)

TABLE DES MATIÈRES

IIᵐᵉ. Partie. — François de Paule en France.

FIN

9 782019 954772